BORUSSIAAA!

DIE BESTEN CARTOONS VON OLI HILBRING

KLARTEXT

Bibliografische Information der Deutschen Nationalbibliothek
Die Deutsche Nationalbibliothek verzeichnet diese Publikation in der Deutschen Nationalbibliografie; detaillierte bibliografische Daten sind im Internet über http://dnb.dnb.de abrufbar.

IMPRESSUM

1. Auflage November 2023
Redaktion: Uli Homann
Satz und Layout: Joachim Bartels
Umschlaggestaltung: Joachim Bartels
Umschlagbilder: Oli Hilbring
Druck und Bindung: Multiprint GmbH, Kostinbrod 2230, Slavianska Str. 10 A, Bulgarien

ISBN 978-3-8375-2587-8

KLARTEXT

Jakob Funke Medien Beteiligungs GmbH & Co. KG
Jakob-Funke-Platz 1, 45127 Essen
info.klartext@funkemedien.de
www.klartext-verlag.de

INHALT

Jugendsünde

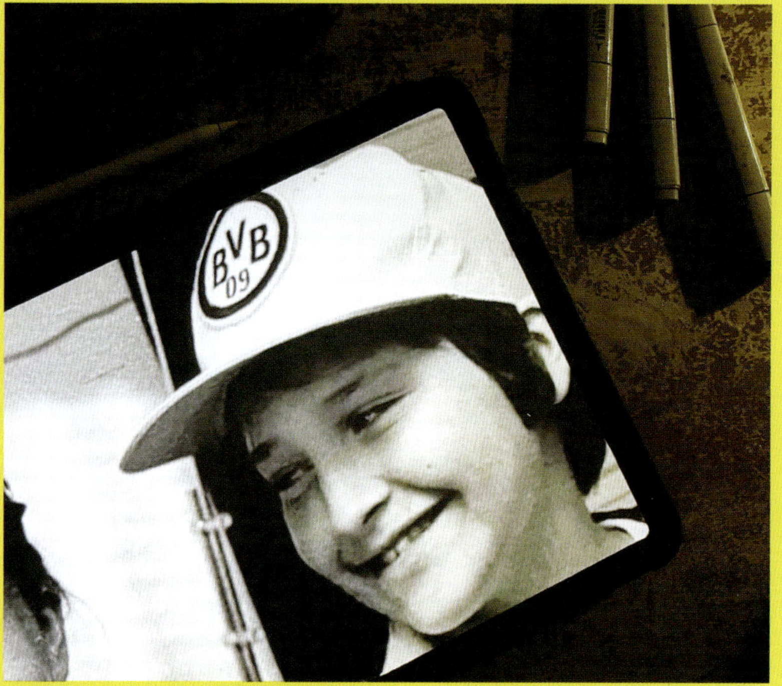

Vielleicht haben Sie es gewusst: Oli Hilbring ist Cartoonist, Schalke-Fan und Sympathisant des VfL Bochum. Was Sie aber bisher nicht gewusst haben: Oli war auch mal Kindermodel, aber nur ein einziges Mal, und da ausgerechnet für einen Fanartikelkatalog des BVB.

AUS DER WERKSTATT

Hallo, ich bin Oli Hilbring und Fußball-Cartoonist. Ich bin in Herne groß und in Bochum dick geworden und habe in der Jugend beim BV Herne-Süd Fußball gespielt.
Warum erzähle ich das? Die Vereinsfarben vom BV Herne-Süd sind schwarz-gelb, zudem war ich mal mit der BVB-Vereinslegende Nobert Dickel in Dortmund eine Currywurst essen – und es gibt dieses Katalogbild.
Wenn das alles nicht schon genug Legitimation ist, ein Buch über Borussia Dortmund zu machen ... Zudem war schon in meiner Zeit im schwarz-gelben Trikot, beim BV Herne-Süd, allen klar: Der Typ kann besser zeichnen als kicken. Dies ist also der wahre Grund für dieses Cartoon-Buch. Das Talent brachte mich trotz meiner limitierten Fußballfähigkeiten in die ARD-Sportschau und nicht zuletzt sogar in den RevierSport.
Fußball-Cartoonist. Viele sagen auch Comic-Zeichner, aber ich mache Cartoons. Comics erzählen eine Geschichte in mehreren Bildern, aber mir reicht ein einziges Bild, um die Geschichte eines ganzen Fußballspiels zu erzählen. Es gibt immer den einen Moment, die eine Spielszene oder das kollektive Gefühl eines Spiels, man muss es nur einfangen und witzig in Szene setzten. Das mache ich nun schon ein paar Jahre und immer wieder beobachte ich dafür auch die Spiele von Borussia Dortmund. Es war nicht immer einfach auf dem Platz und am Zeichentisch, aber jetzt können wir zusammen zurückblicken auf die letzten zehn Jahre BVB in Cartoons, kuratiert und kommentiert vom wunderbaren Uli Homann.

Viel Spaß und Glück auf mit den besten Cartoons über Borussiaaa ...

Oli Hilbring

DIE GELBE WAND

Fans und Profifußball – passt das heute eigentlich noch zusammen? Der BVB bietet in dieser Hinsicht eine ganz besondere Konstellation: Eine Kommandit-Gesellschaft auf Aktien mit eigenen Fans! Einer gelben Wand, der Süd. Zu bewundern im Signal-Iduna-Park, wo heißblütigste Leidenschaft und eiskaltes Geschäft eine Symbiose eingegangen sind, die irgendwie funktioniert.

Denn abseits des allgemeinen Profitstrebens gibt es sie noch, die auf „echter Liebe“ gründende, auf Traditionen gewachsene Verbundenheit zum Verein. Gerade in Dortmund. Wie einst die kickenden „Emmas“ und „Akis“, für die der Verein mehr war als ein Arbeitgeber und für den sie noch lange nach Beendigung ihrer Karriere tätig waren, halten die BVB-Anhänger bedingungslos an ihrem Klub fest. Feiern die großen Erfolge, betrauern die schmerzlichen Niederlagen und akzeptieren sogar, dass Jungstars und Hoffnungsträger den Verein verlassen, wenn es anderswo noch mehr zu verdienen gibt. Glücklicherweise schaffen es die Macher des BVB, die entstandenen Lücken immer wieder mit jungen Talenten erstaunlich schnell und qualitativ zu füllen. Für die Fans aber steht ohnehin fest: Was sind schon begnadete Kicker gegen die eigene BVB-Welt, gegen die gelbe Wand, die auf der ganzen Welt als Hort der Begeisterung bekannt und gefürchtet ist. Kein Spieler ist größer als die Borussia!

2016: Bundesliga plant Änderungen …

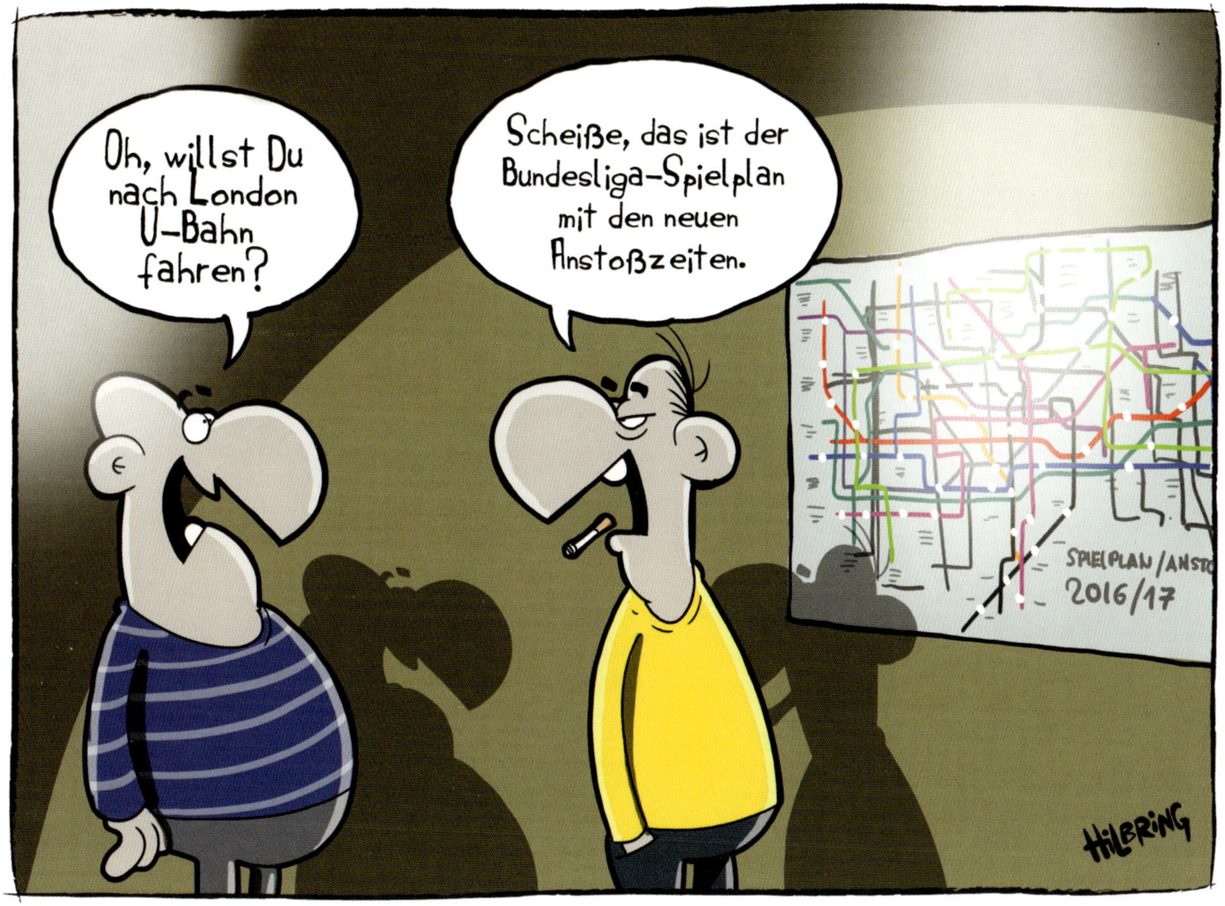
Oh, willst Du nach London U-Bahn fahren?
Scheiße, das ist der Bundesliga-Spielplan mit den neuen Anstoßzeiten.
SPIELPLAN/ANSTO
2016/17
HILBRING

Von nun an begann der Irrweg der Fans durch die Spieltage. (2015/16)

Montag: Die Schwarz-Gelben machen blau!

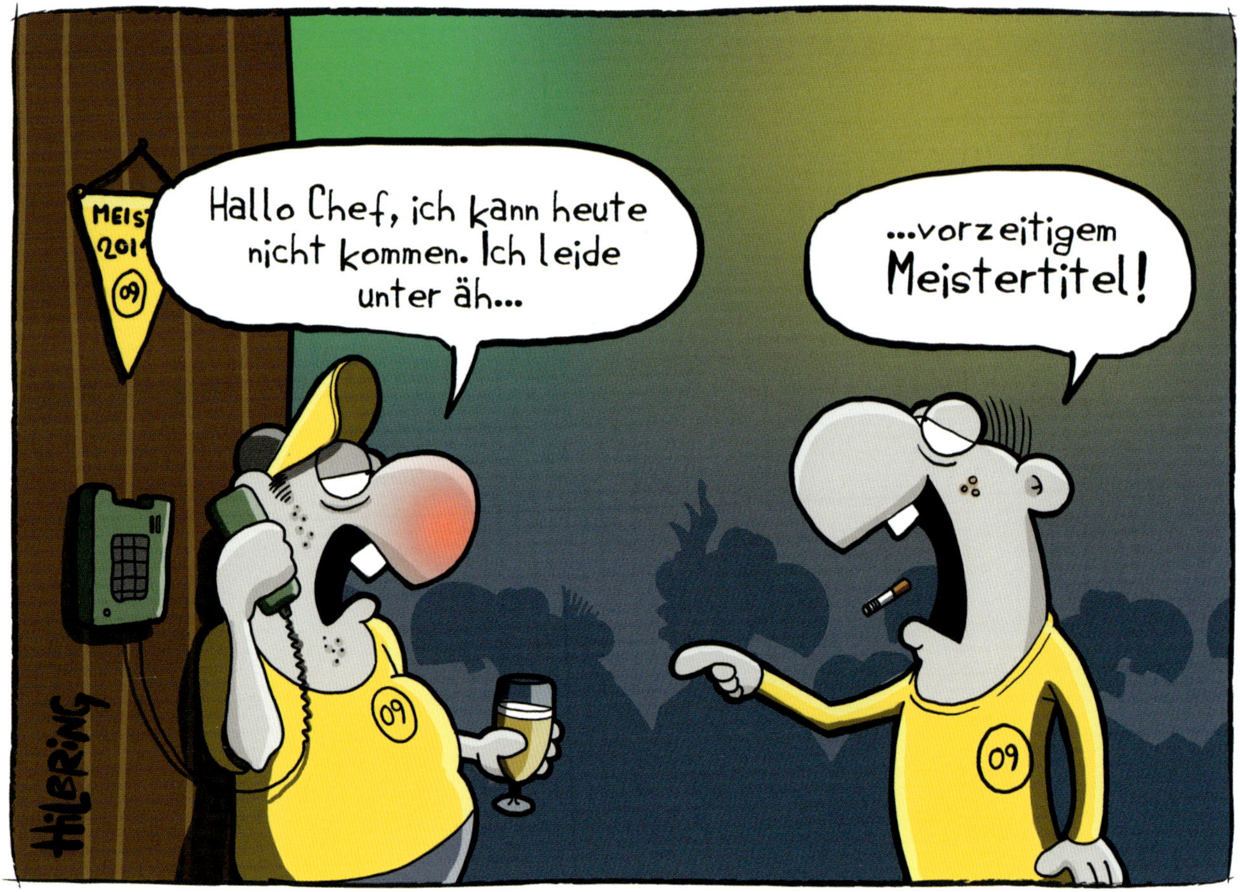
MEIST
201
09
Hallo Chef, ich kann heute nicht kommen. Ich leide unter äh...
...vorzeitigem Meistertitel!
09
09
HILBRING

Man muss Krankheiten schon exakt benennen können. (2011/12)

Letzten Samstag irgendwo in Dortmund ...

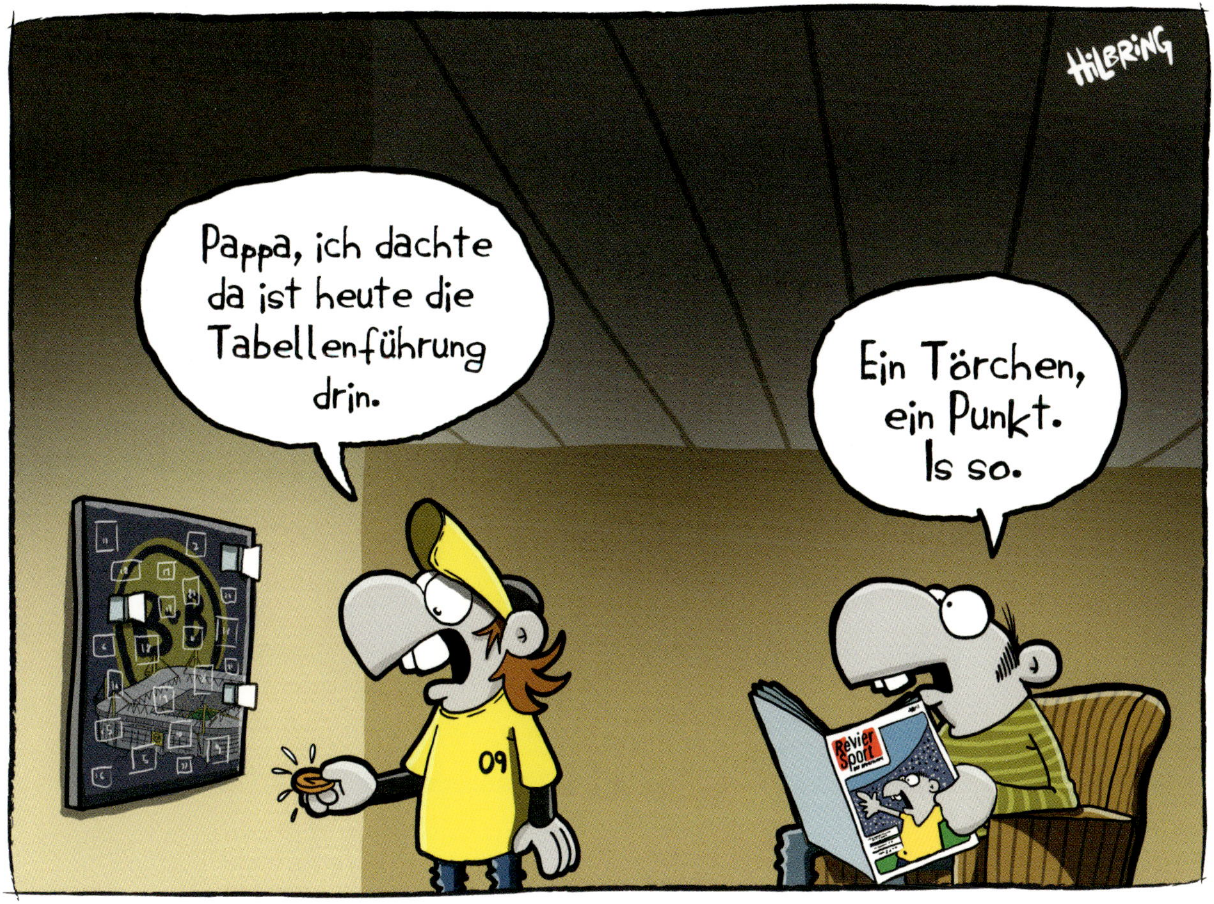
HILBRING
Pappa, ich dachte da ist heute die Tabellenführung drin.
Ein Törchen, ein Punkt. Is so.
09
Revier Sport

Knapp vorbei ist auch daneben. (2011/12)

Frust im Museum ...

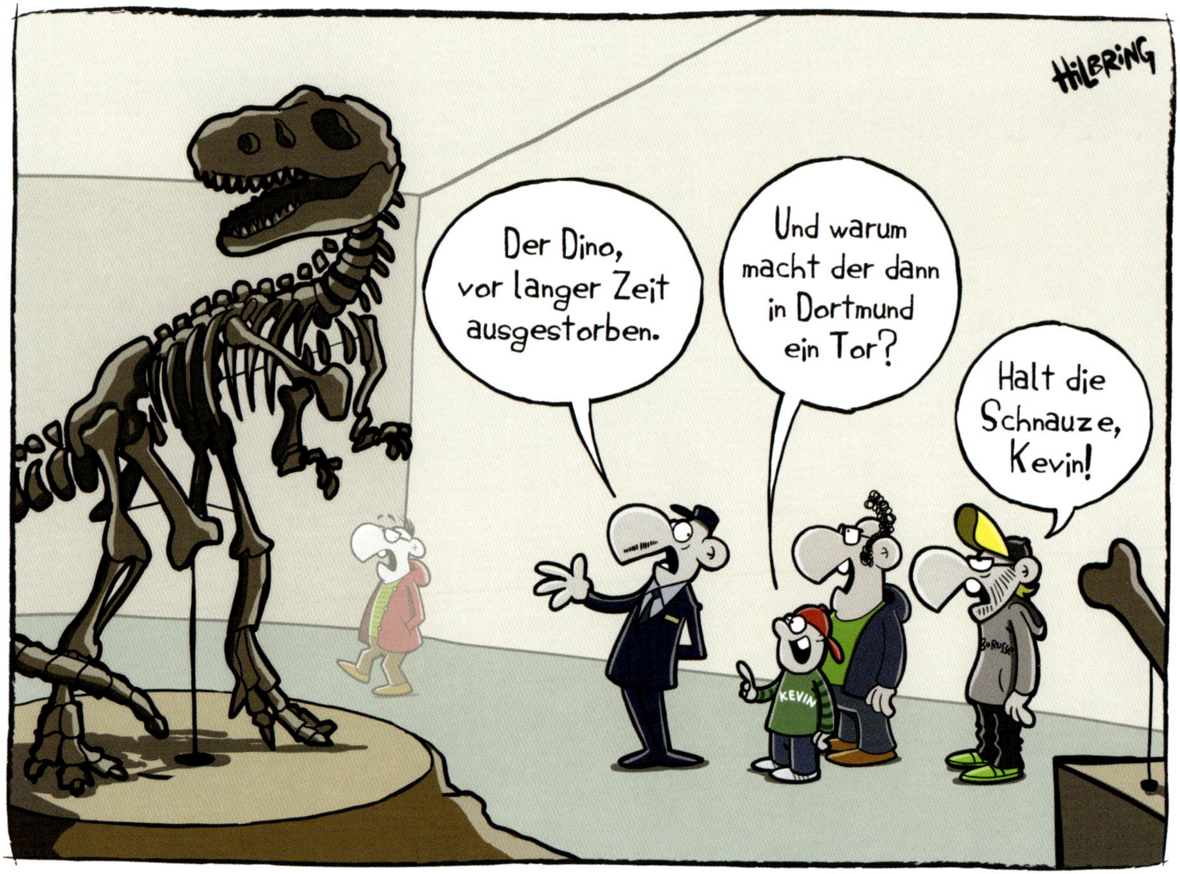
HILBRING
Der Dino, vor langer Zeit ausgestorben.
Und warum macht der dann in Dortmund ein Tor?
Halt die Schnauze, Kevin!
KEVIN

Totgesagte leben länger. Der Hamburger Abschied aus der Bundesliga dauerte noch etwas länger. (2014/15)

Neulich in Dortmund …

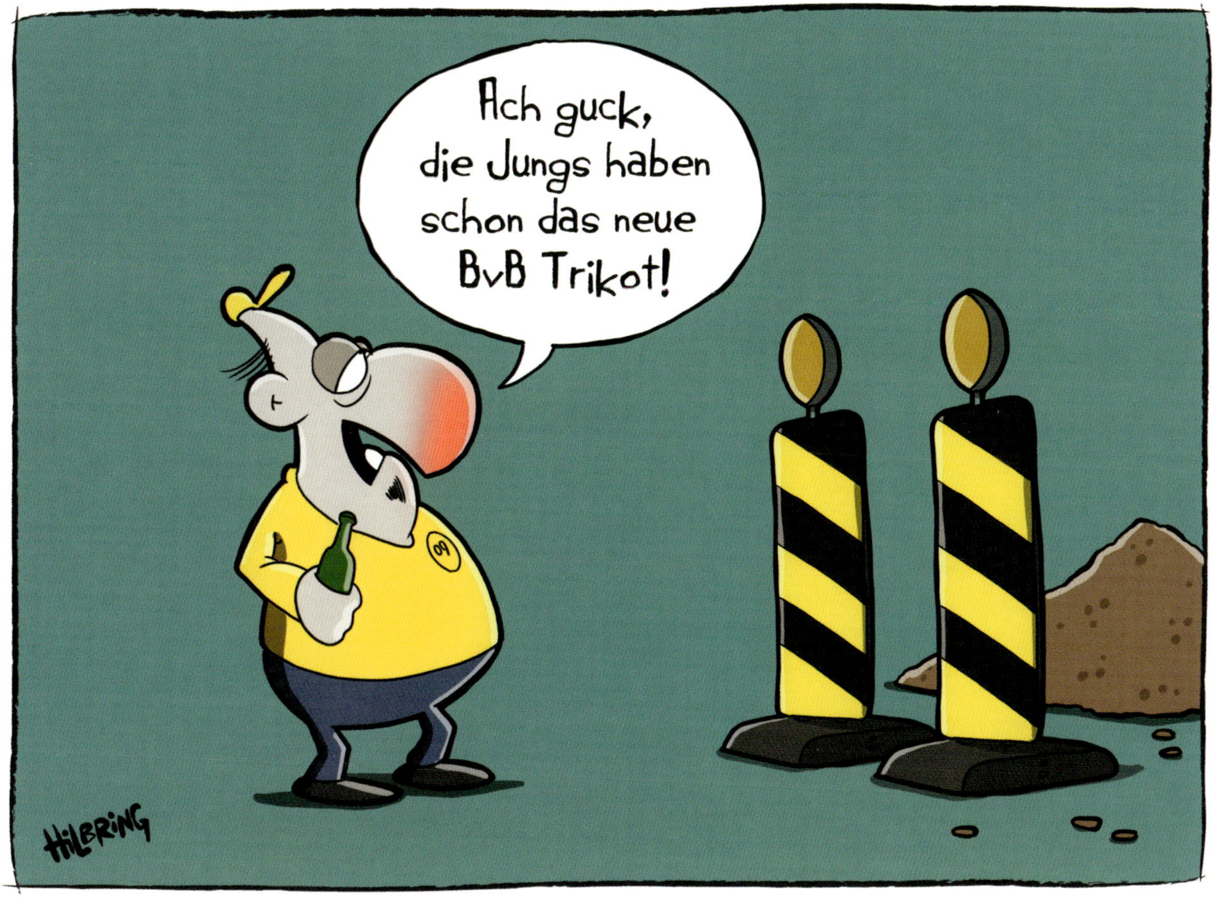
Ach guck, die Jungs haben schon das neue BvB Trikot!
09
HILBRING

Tatsächlich, da wurde anscheinend was abgekupfert. (2014/15)

BVB-Fans unentschlossen ...

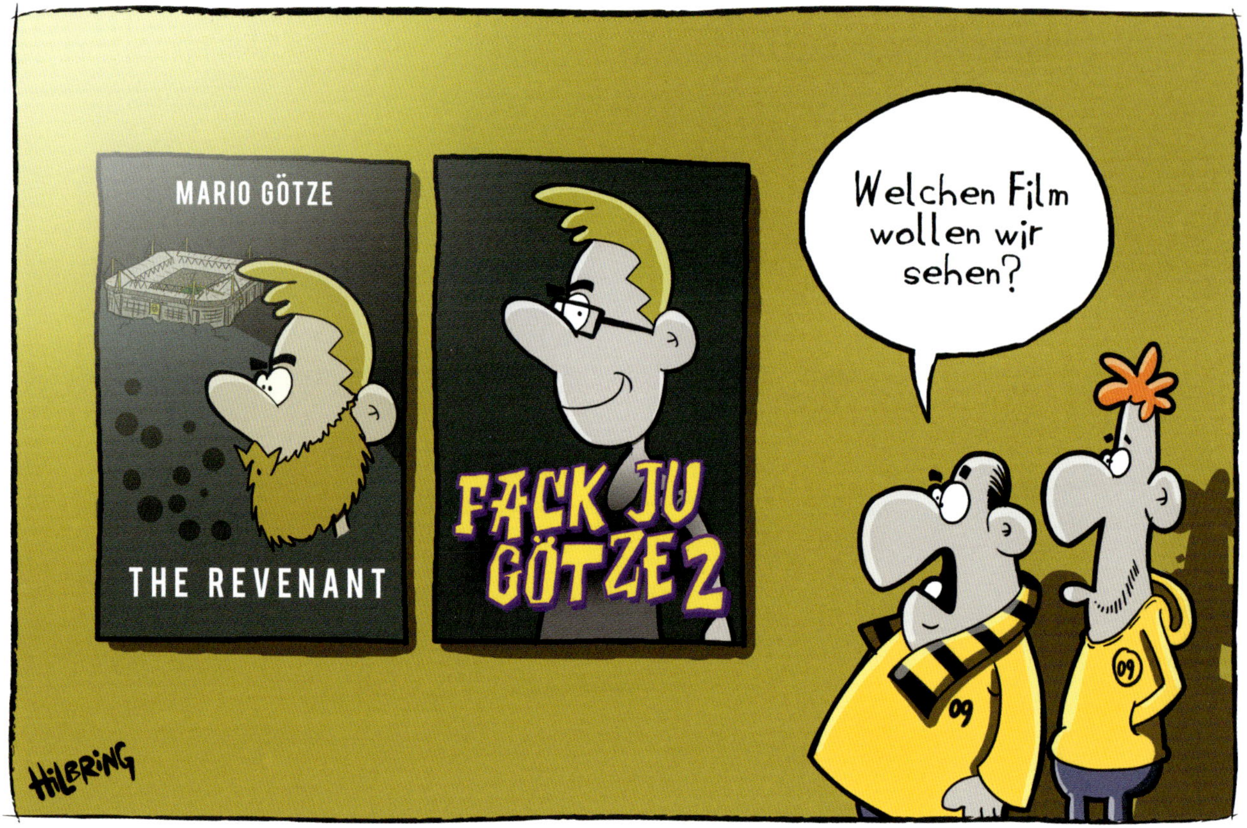
MARIO GÖTZE
THE REVENANT
FACK JU GÖTZE 2
Welchen Film wollen wir sehen?
HILBRING

Cineasten entschieden sich für beide. (2015/16)

Der BVB kränkelt ...

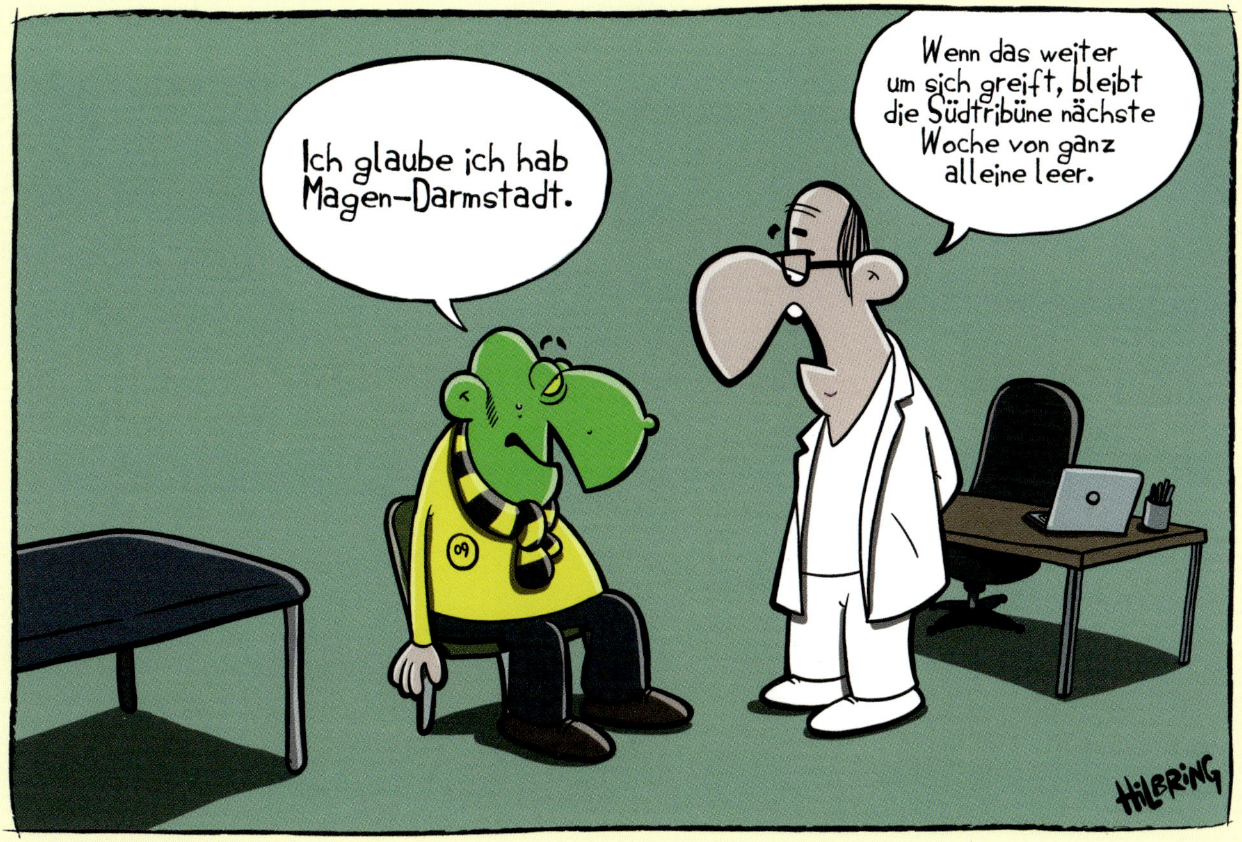
Ich glaube ich hab Magen-Darmstadt.
Wenn das weiter um sich greift, bleibt die Südtribüne nächste Woche von ganz alleine leer.
HILBRING

Nach einer 1:2-Niederlage in Darmstadt dreht sich einem schon mal der Magen um. (2016/17)

Neulich in Dortmund ...

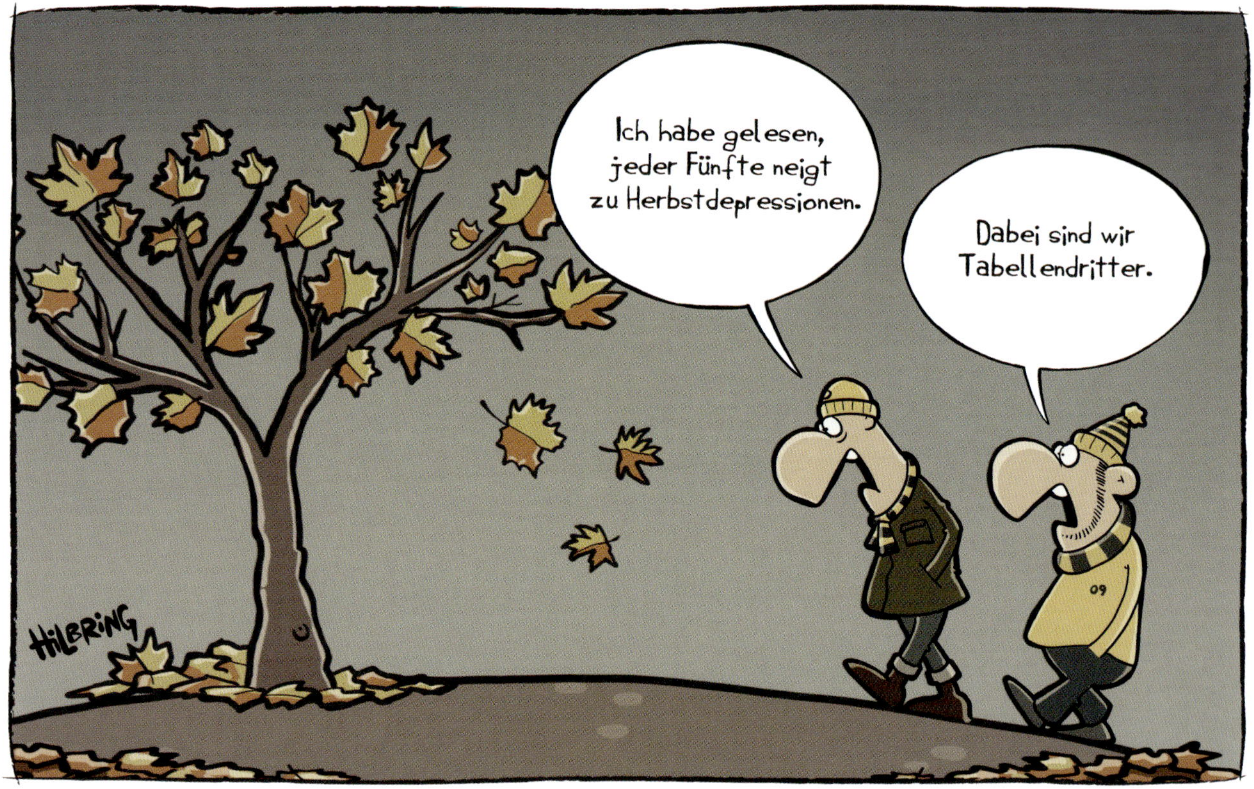
Ich habe gelesen, jeder Fünfte neigt zu Herbstdepressionen.
Dabei sind wir Tabellendritter.
HILBRING
09

Wenn die Blätter fallen, werden Bilanzen gezogen. (2017/18)

Nach Bürki-Kritik: BVB-Fans zu Unrecht verurteilt …

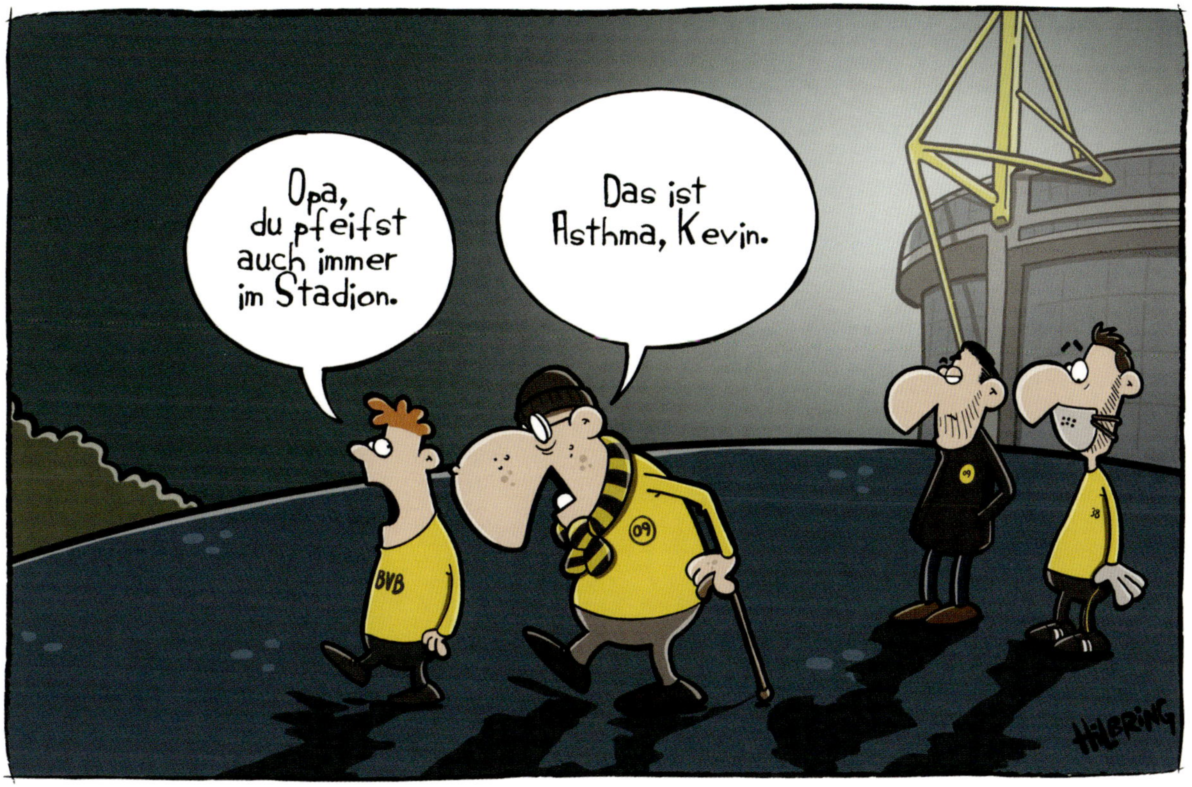
Opa, du pfeifst auch immer im Stadion.
Das ist Asthma, Kevin.
BVB
09
09
38
HILBRING

Immer mal wieder trifft es echt den Falschen. (2017/18)

Fernbeziehung Bundesliga …

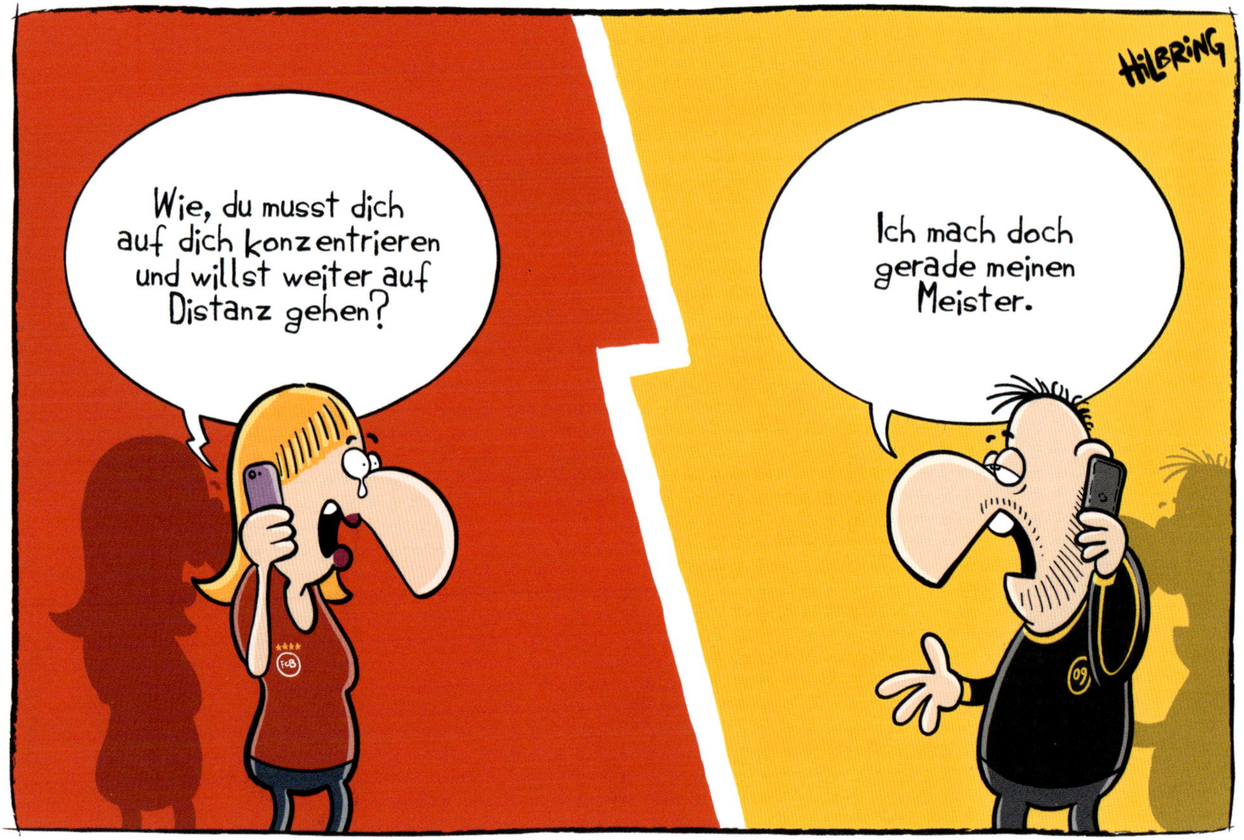
HILBRING
Wie, du musst dich auf dich konzentrieren und willst weiter auf Distanz gehen?
Ich mach doch gerade meinen Meister.

Wer liebt, muss auch leiden können. (2018/19)

Technische Probleme beim BVB ...

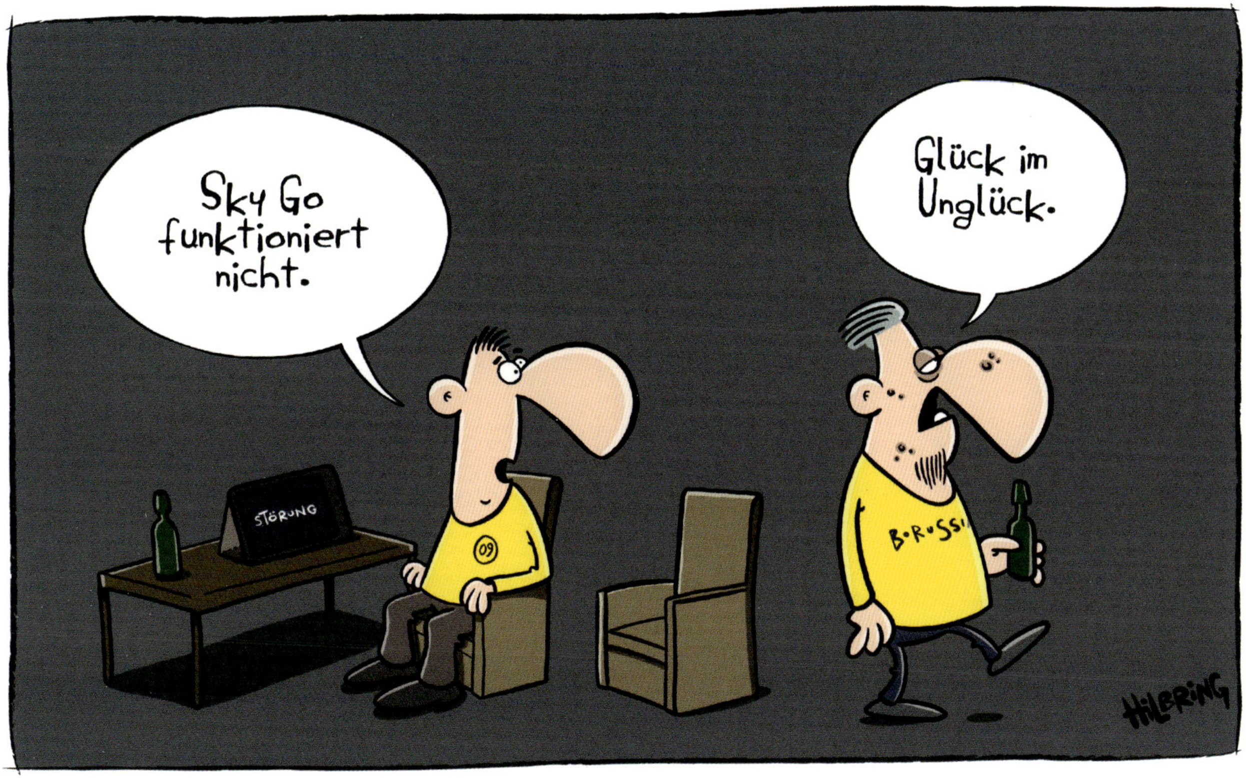
Sky Go funktioniert nicht.
Glück im Unglück.
STÖRUNG
09
BORUSSI
HILBRING

Manchmal ist es einfach besser so. (2019/20)

Fußball bringt Familien wieder zusammen ...

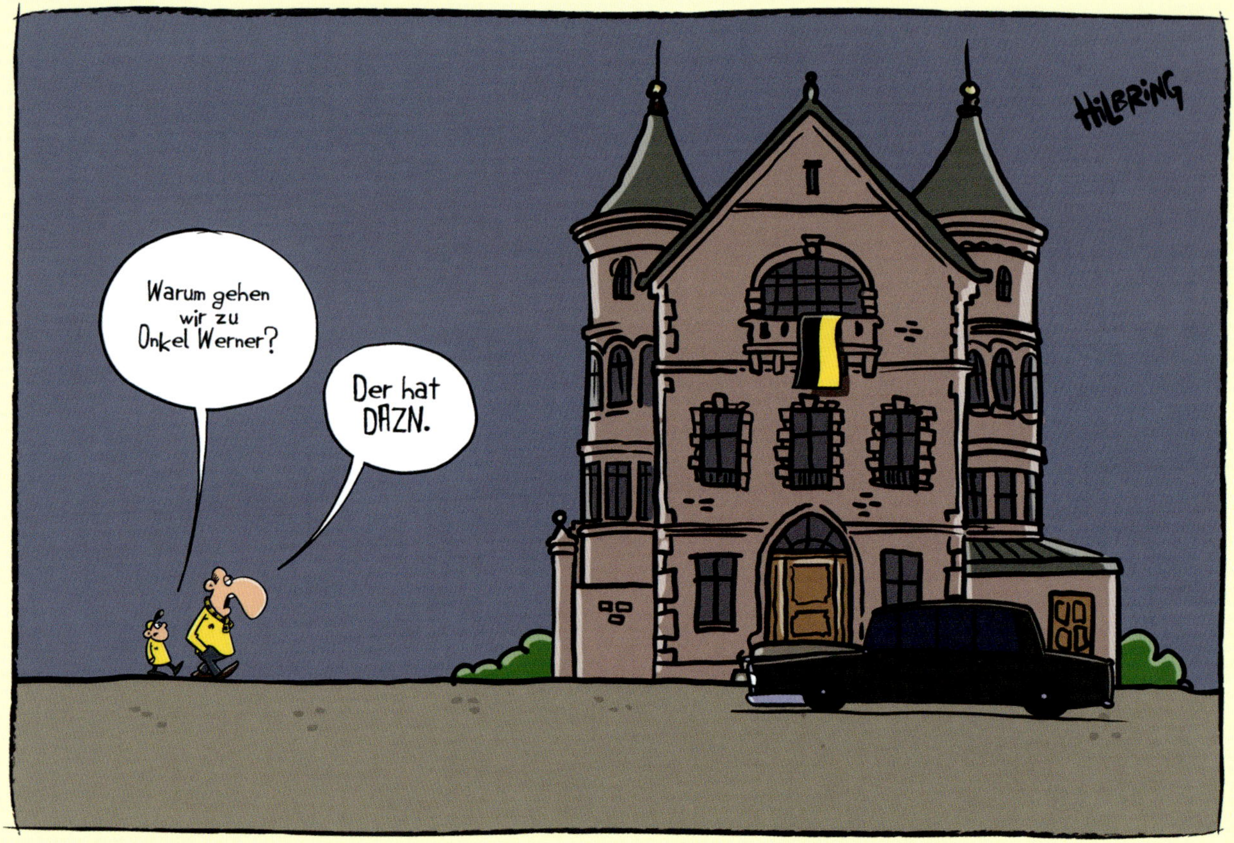
Warum gehen wir zu Onkel Werner?
Der hat DAZN.
HILBRING

Da müssen die armen Verwandten einfach mal durch. (2021/22)

Wer nicht hüpft, der ist Borusse ...

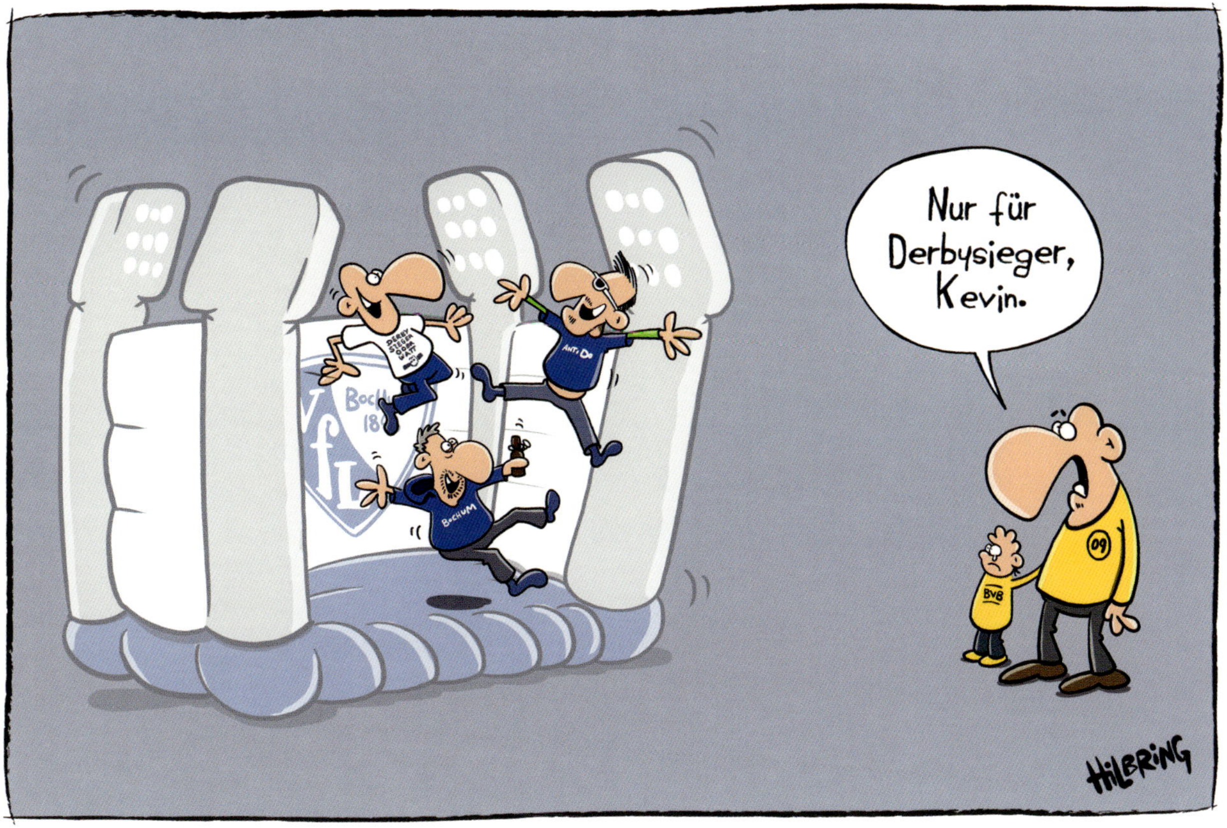
Nur für
Derbysieger,
Kevin.
BOCHUM
BVB
09
HILBRING

Jetzt hat man Schalke vom Hals, da geht einem Bochum auf den Wecker. (2021/22)

Saisonauftakt in Dortmund doch mit 3G im Stadion ...

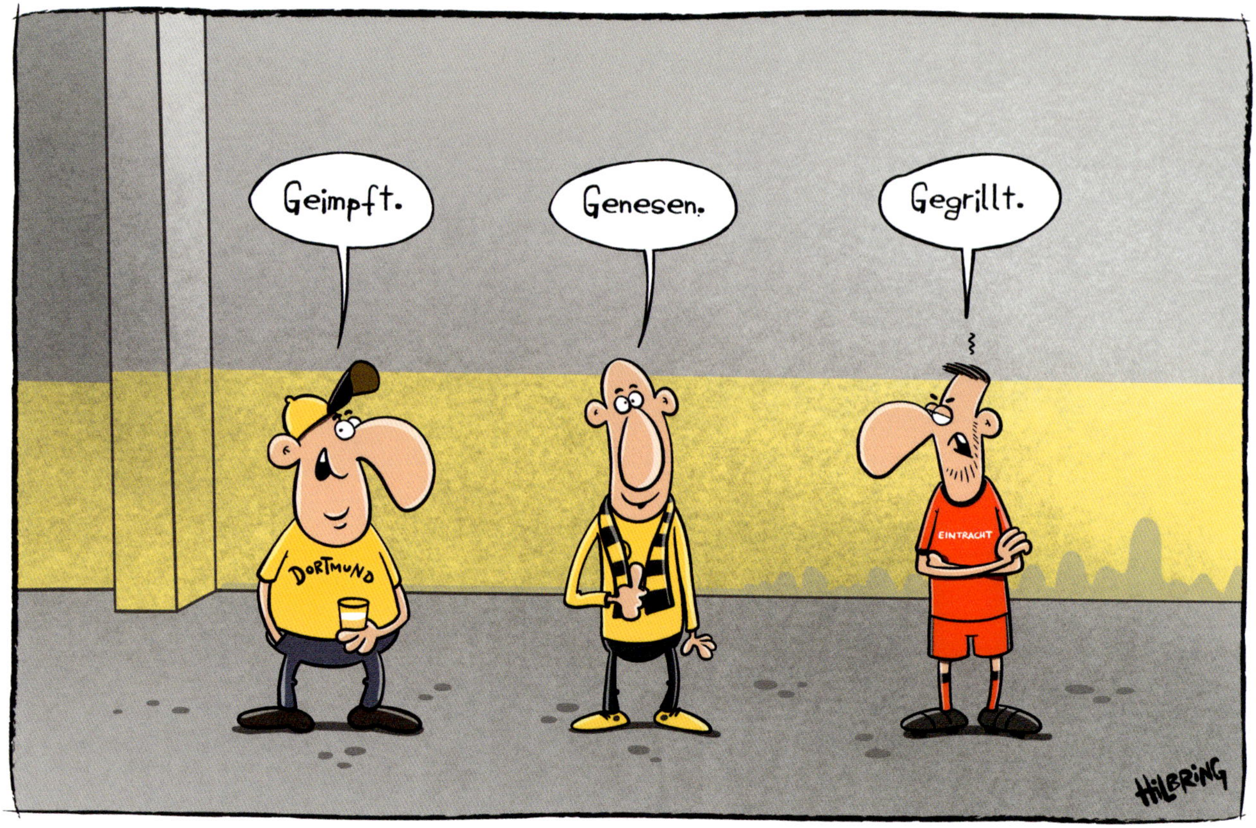
Geimpft.
Genesen.
Gegrillt.
DORTMUND
EINTRACHT
HILBRING

Mit 5:2 schickt der BVB die Eintracht nach Hause. (2021/22)

Neulich in Dortmund ...

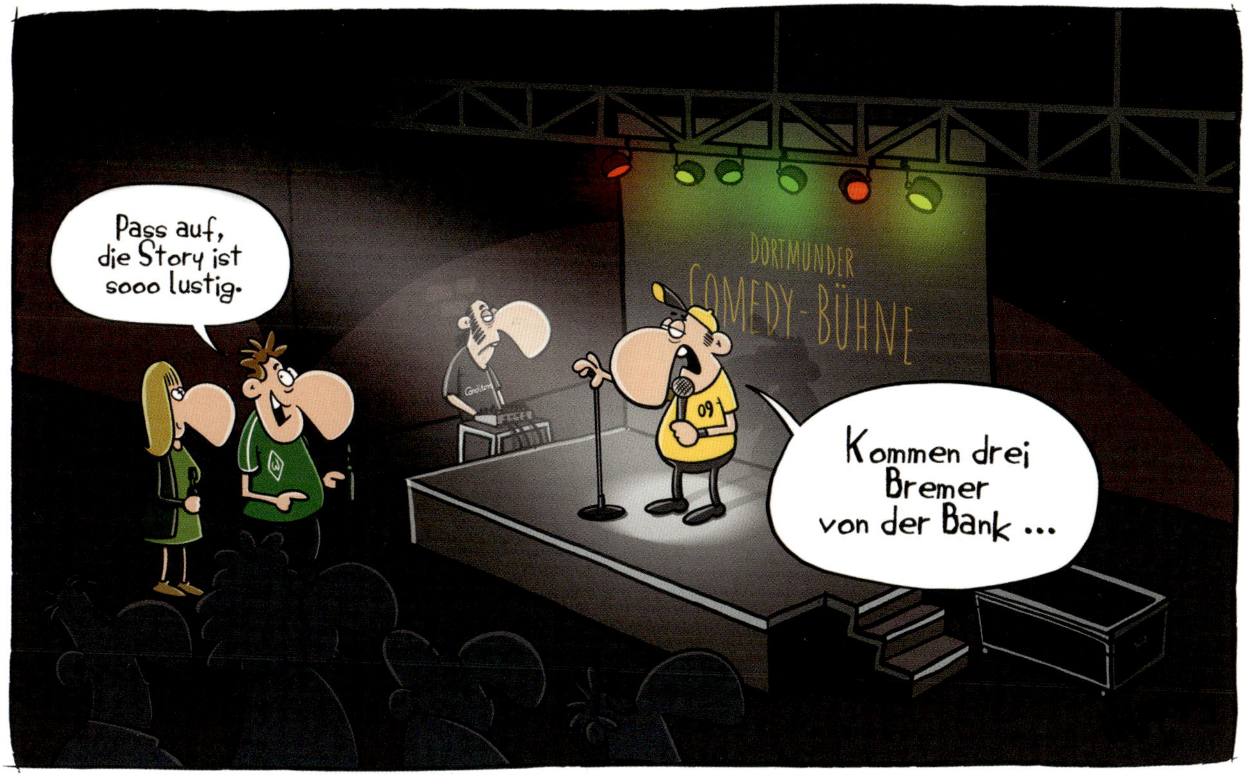
Pass auf, die Story ist sooo lustig.
DORTMUNDER COMEDY-BÜHNE
Kommen drei Bremer von der Bank ...

Ja, so lustig auch wieder nicht. Bremen gewinnt in der Nachspielzeit in Dortmund. (2022/23)

Neulich nach dem Spiel in Frankfurt …

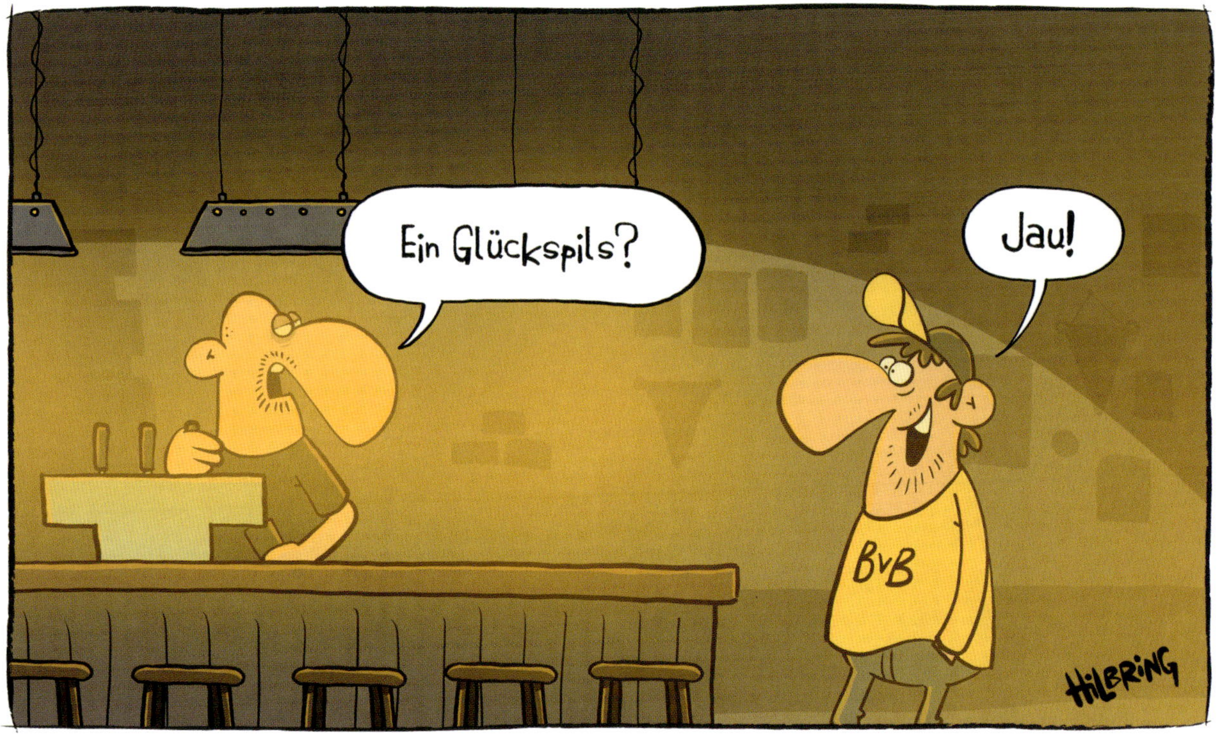
Ein Glückspils?
Jau!
BvB
HILBRING

Drei Minuten vor Schluss das Spiel gedreht – aus 0:2 ein 3:2-Auswärtssieg. (2022/23)

Neulich in Dortmund …

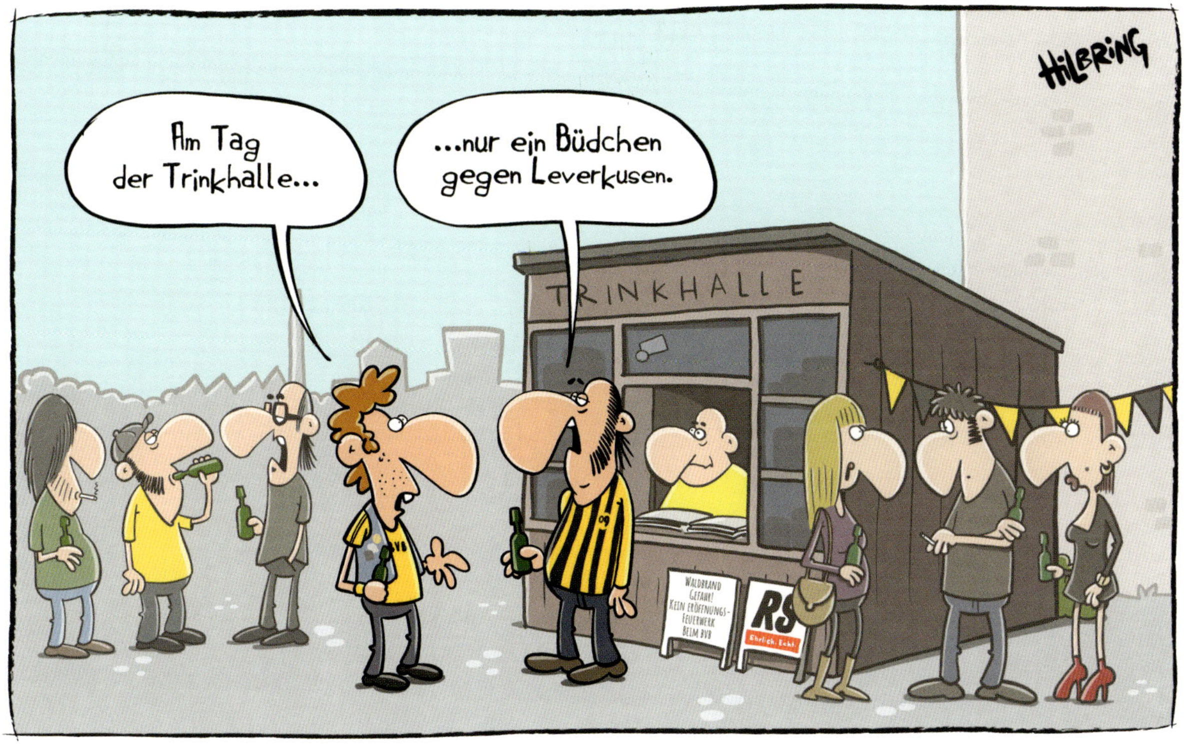
HILBRING
Am Tag der Trinkhalle…
…nur ein Büdchen gegen Leverkusen.
TRINKHALLE
WALDBRAND GEFAHR! KEIN ERÖFFNUNGS-FEUERWERK BEIM BVB
RS
Ehrlich. Echt.

Eine Bude kann mal reichen. (2022/23)

DFB-POKAL UND INTERNATIONAL

Am 12. Mai 2012 um 22 Uhr schien die Wachablösung im deutschen Fußball vollzogen. Da hatte der BVB die Bayern im Pokalendspiel in Berlin mit 5:2 gedemütigt. Und es sprach viel dafür, dass sie sich diese neue Vormachtstellung so schnell nicht wieder nehmen lassen würden. Doch es kam anders. Seitdem wurden nur noch die Bayern Deutscher Meister. Die Borussia musste sich seither in elf Spielzeiten sieben Mal mit dem Vize-Titel zufrieden geben (zusätzlich noch zwei Mal Dritter). Auch im Pokal zog man in dieser Zeit fünf Mal ins Finale ein, verlor davon drei – zwei gegen die Bayern. Wobei diese Niederlagen äußerst unglücklich zustande kamen, sich jedenfalls nicht wie echte Revanchen der Bajuwaren anfühlten.

Zwar gelang in diesen Jahren stets der Einzug in einen internationalen Wettbewerb. Doch nachdem 2013 mit dem Finale (1:2 gegen die Bayern) der größte Erfolg seit dem Gewinn der Champions League 1997 gelang, war auch hier immer wieder frühzeitig Endstation. Vor allem das Scheitern in der CL-Gruppenphase frustrierte die Fans mehrmals, zumal danach in der Europa League die Bäume auch nicht in den Himmel wuchsen.

Bekannt aus der Champions League ...

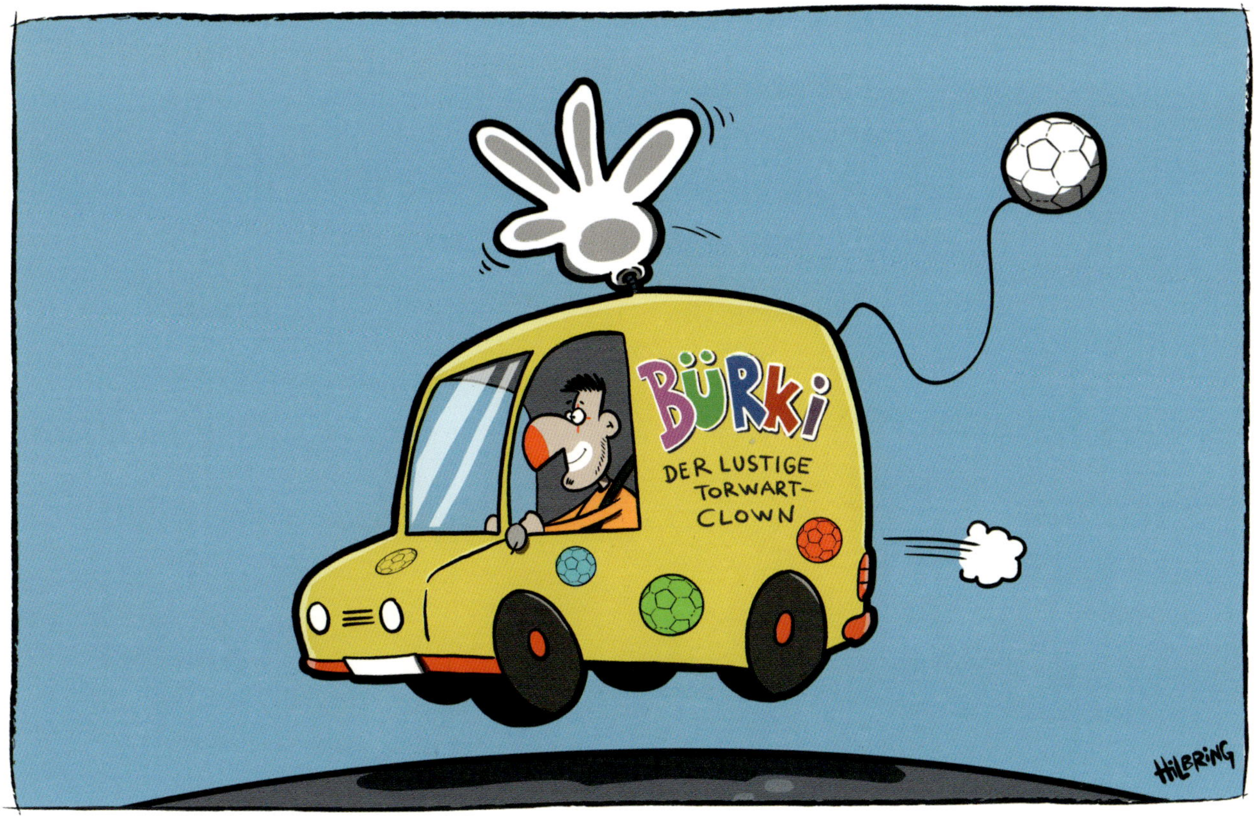

Manche werden berühmt durch die Champions League, andere weniger. (2017/18)

Die Kanzlerin gratuliert zum Pokalsieg ...

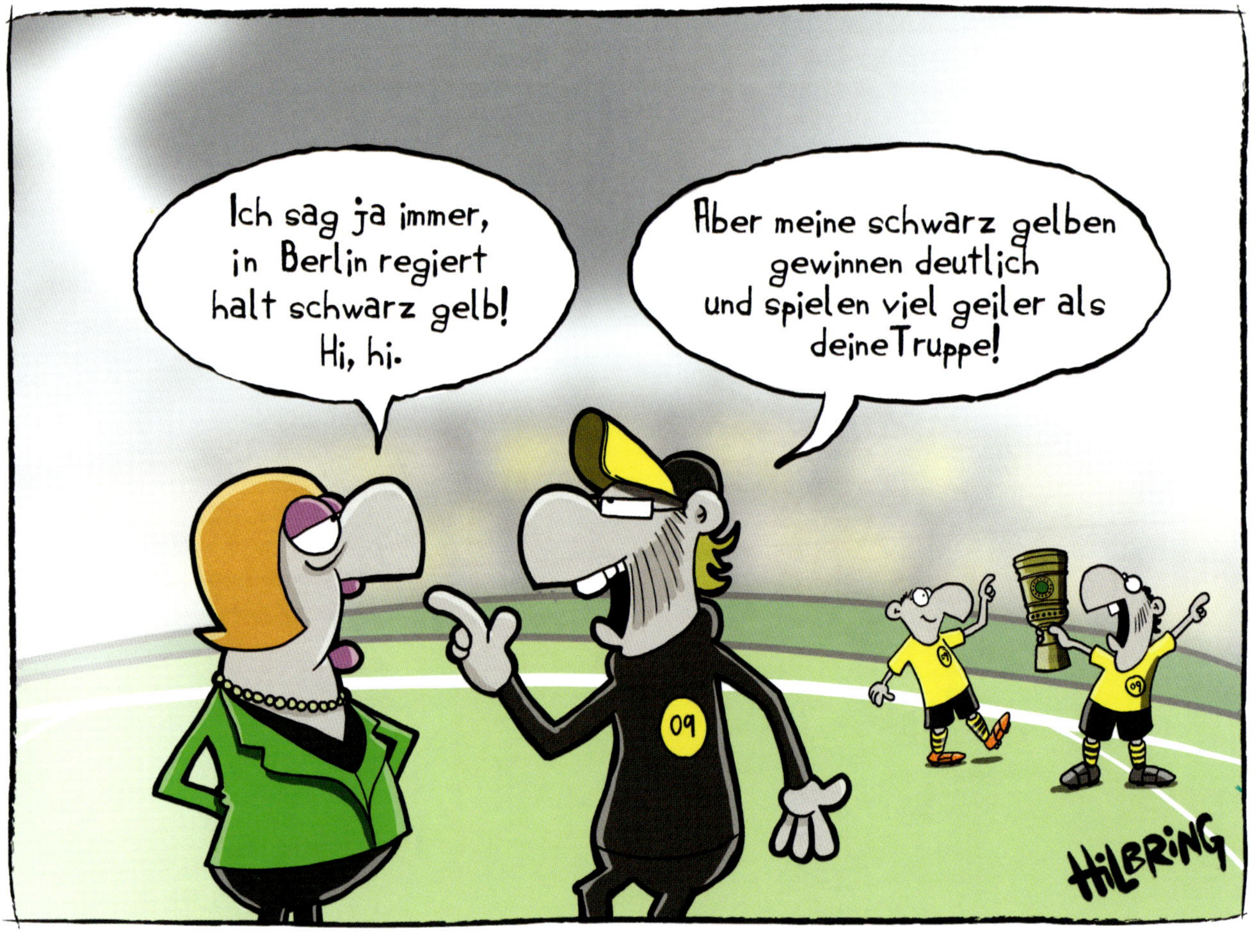
Ich sag ja immer, in Berlin regiert halt schwarz gelb! Hi, hi.
Aber meine schwarz gelben gewinnen deutlich und spielen viel geiler als deine Truppe!
09
HILBRING

PolitikerInnen sind beim DFB-Pokal-Finale in Berlin schon immer gerne gesehen. (2011/12)

Borussia Barcelona …

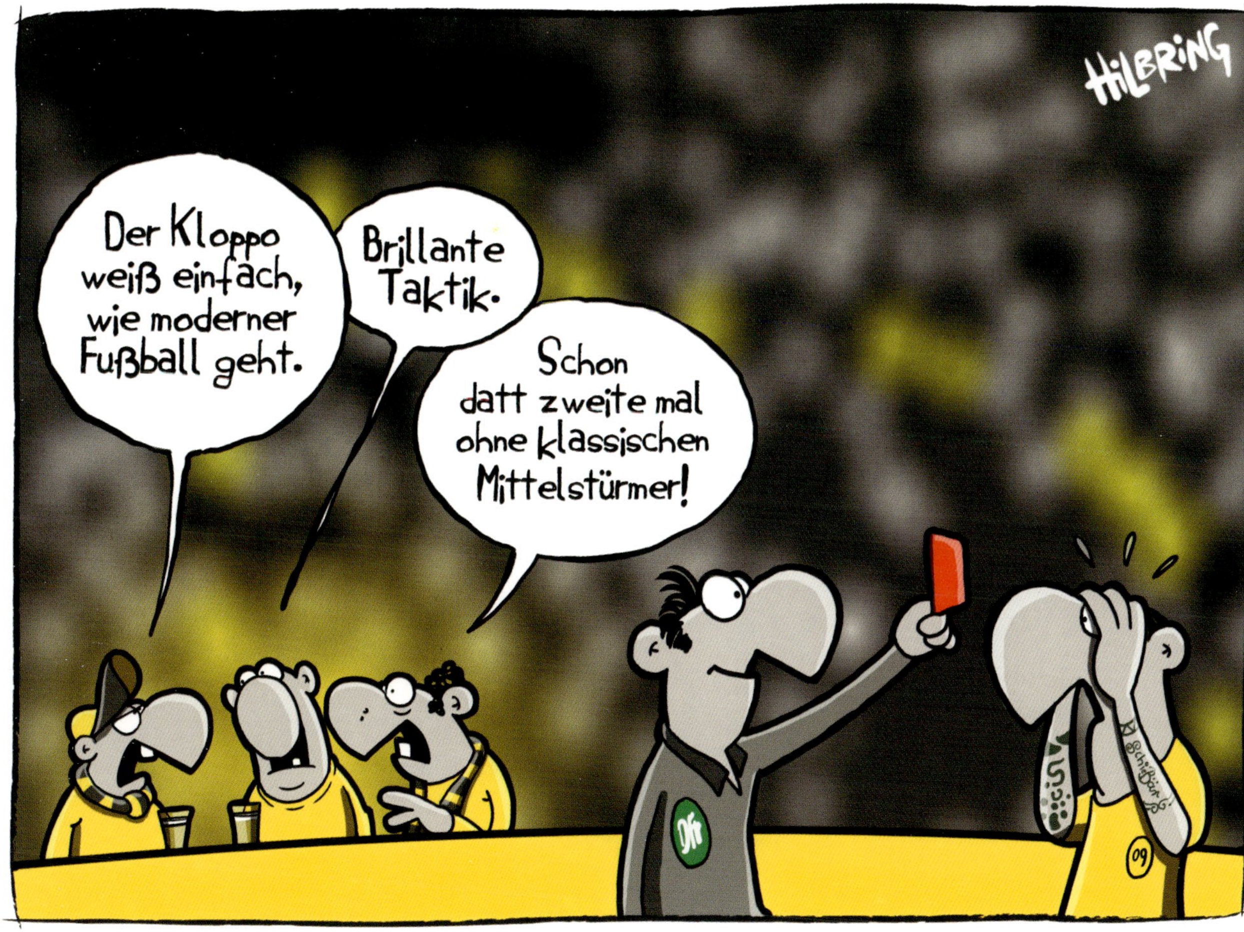
HILBRING
Der Kloppo weiß einfach, wie moderner Fußball geht.
Brillante Taktik.
Schon datt zweite mal ohne klassischen Mittelstürmer!

Wenn sogar eine Rote Karte die Taktik des Trainers bestätigt (2012/13)

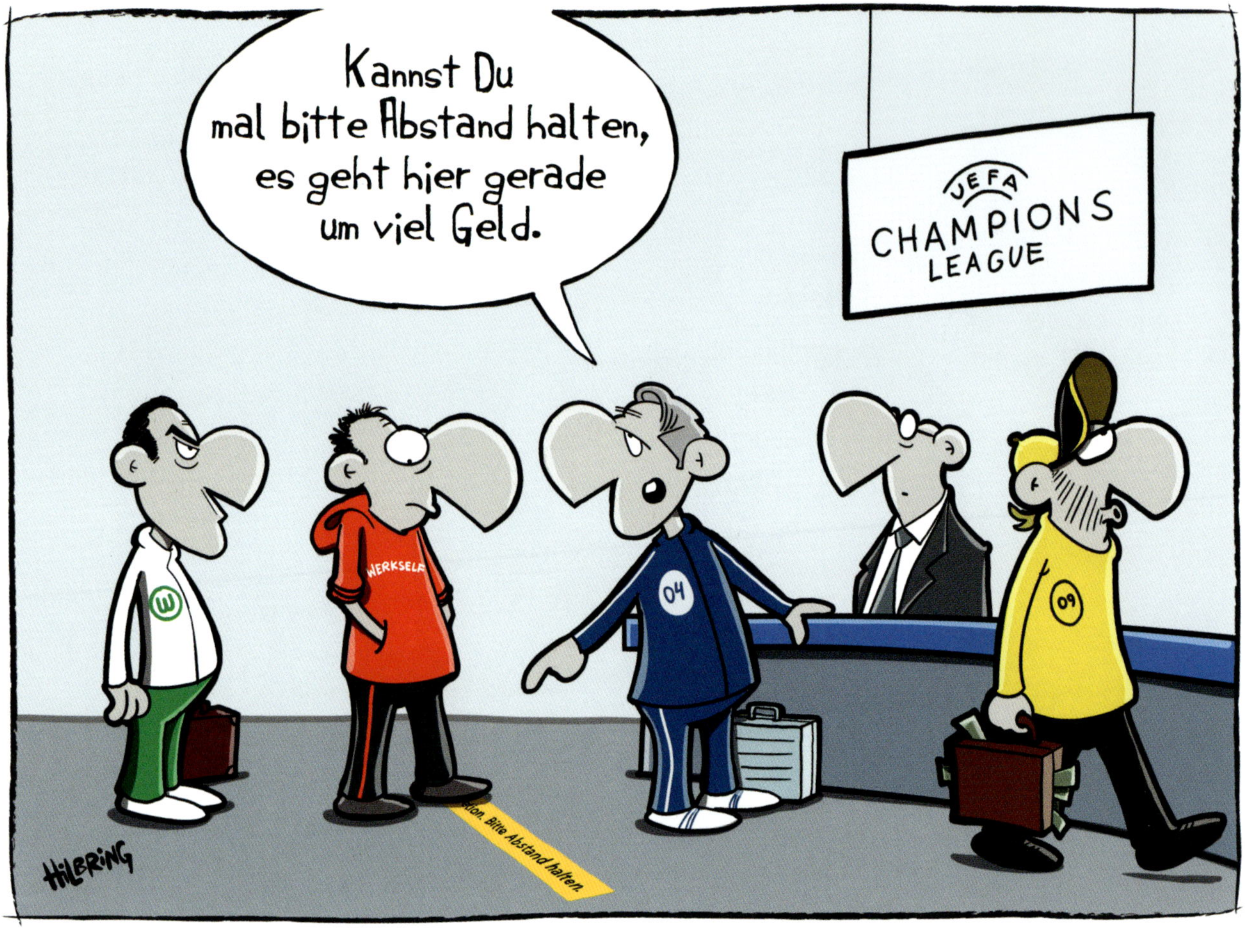
Kannst Du mal bitte Abstand halten, es geht hier gerade um viel Geld.
UEFA CHAMPIONS LEAGUE
WERKSELF
04
09
tion. Bitte Abstand halten.
HILBRING

Gerangel um die Champions-League-Plätze. Der BVB geht einfach mal durch. (2013/14)

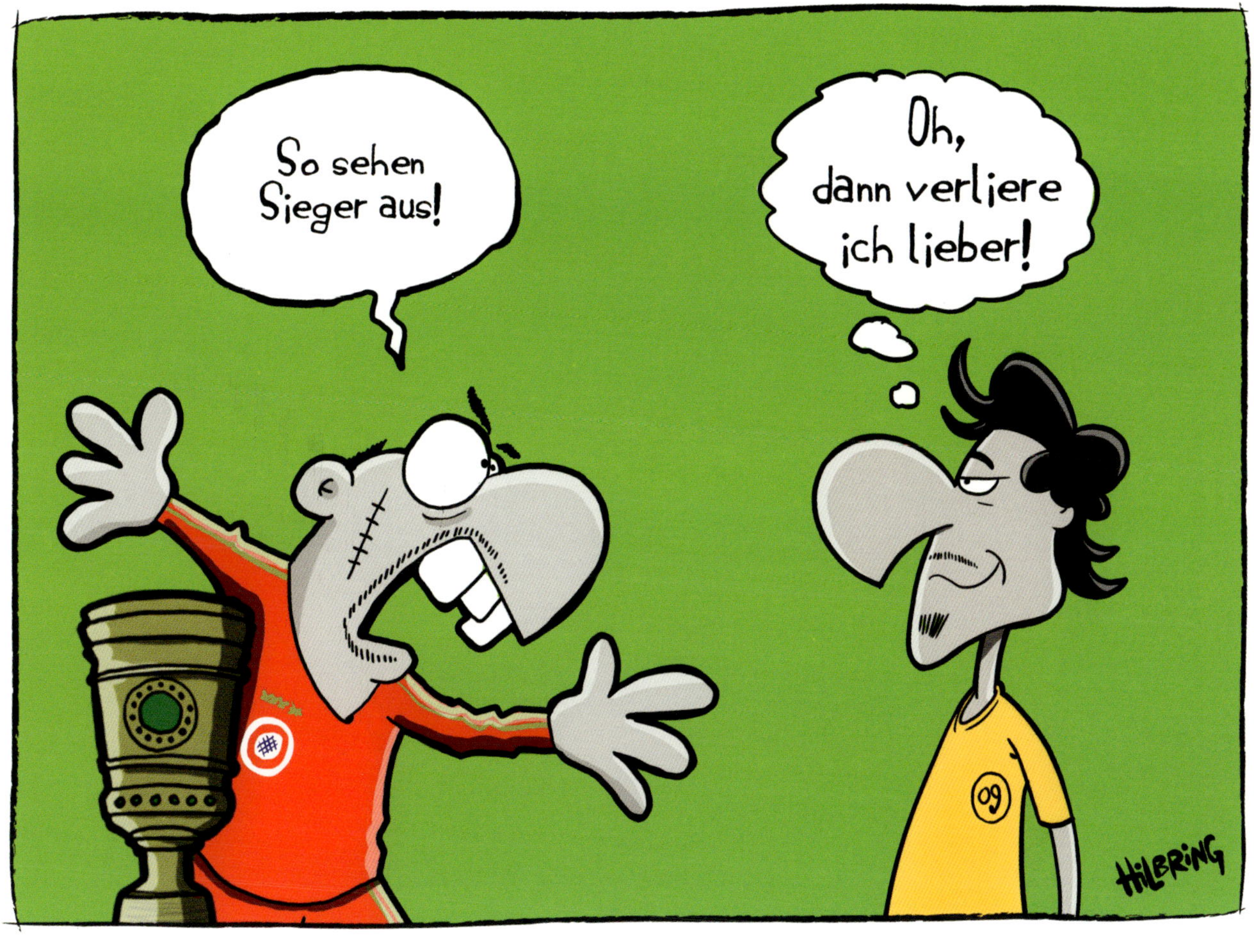
So sehen Sieger aus!
Oh, dann verliere ich lieber!
HILBRING

Manchmal lässt man sogar in einem Finale anderen gerne den Vortritt. (2013/14)

Neulich nach dem Nichttor ...

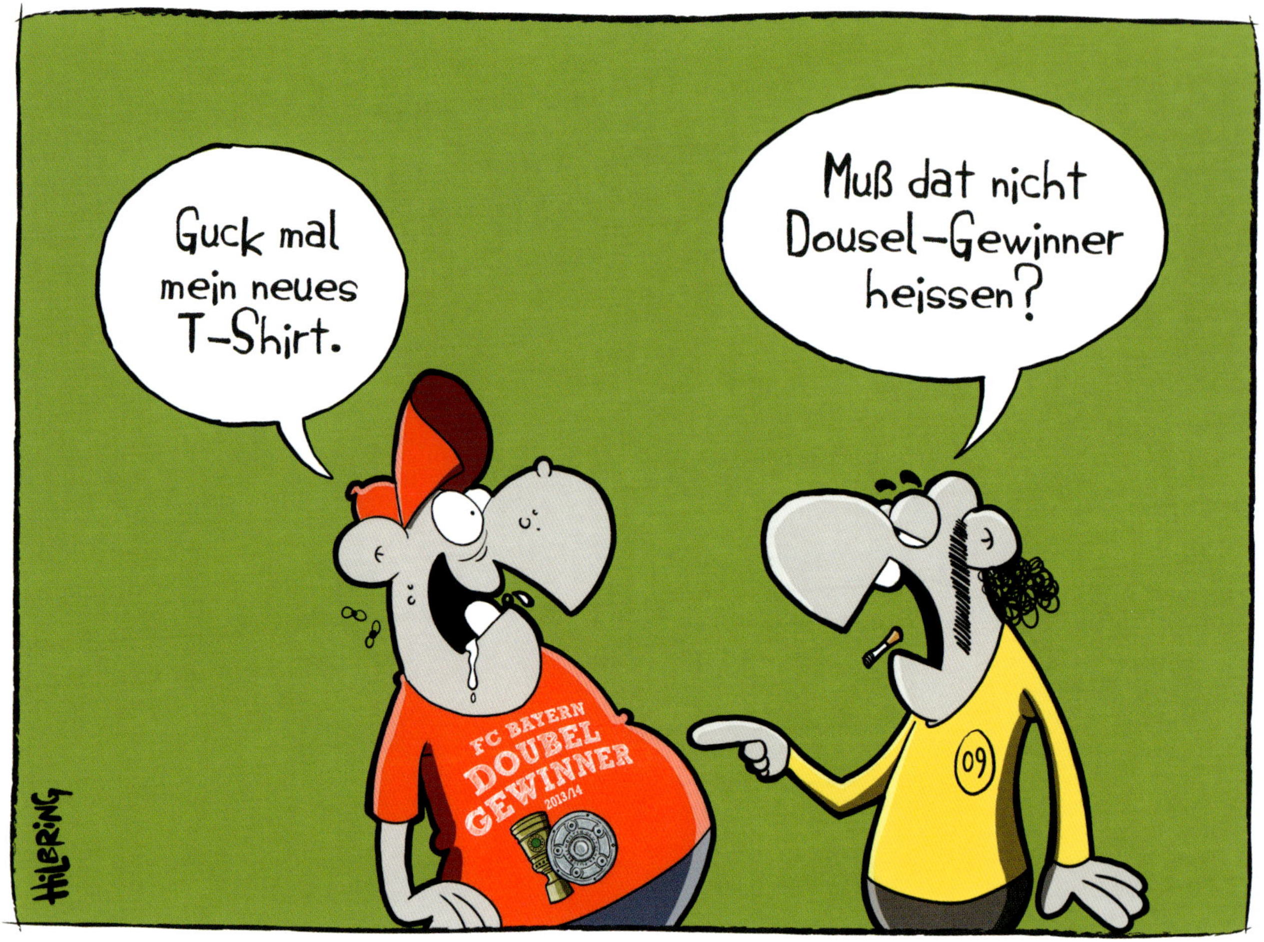
Guck mal mein neues T-Shirt.
Muß dat nicht Dousel-Gewinner heissen?
FC BAYERN DOUBEL GEWINNER 2013/14
09
HILBRING

Mal wieder die Bayern: mehr Glück als Verstand (2013/14)

Neulich beim Medizin-Check …

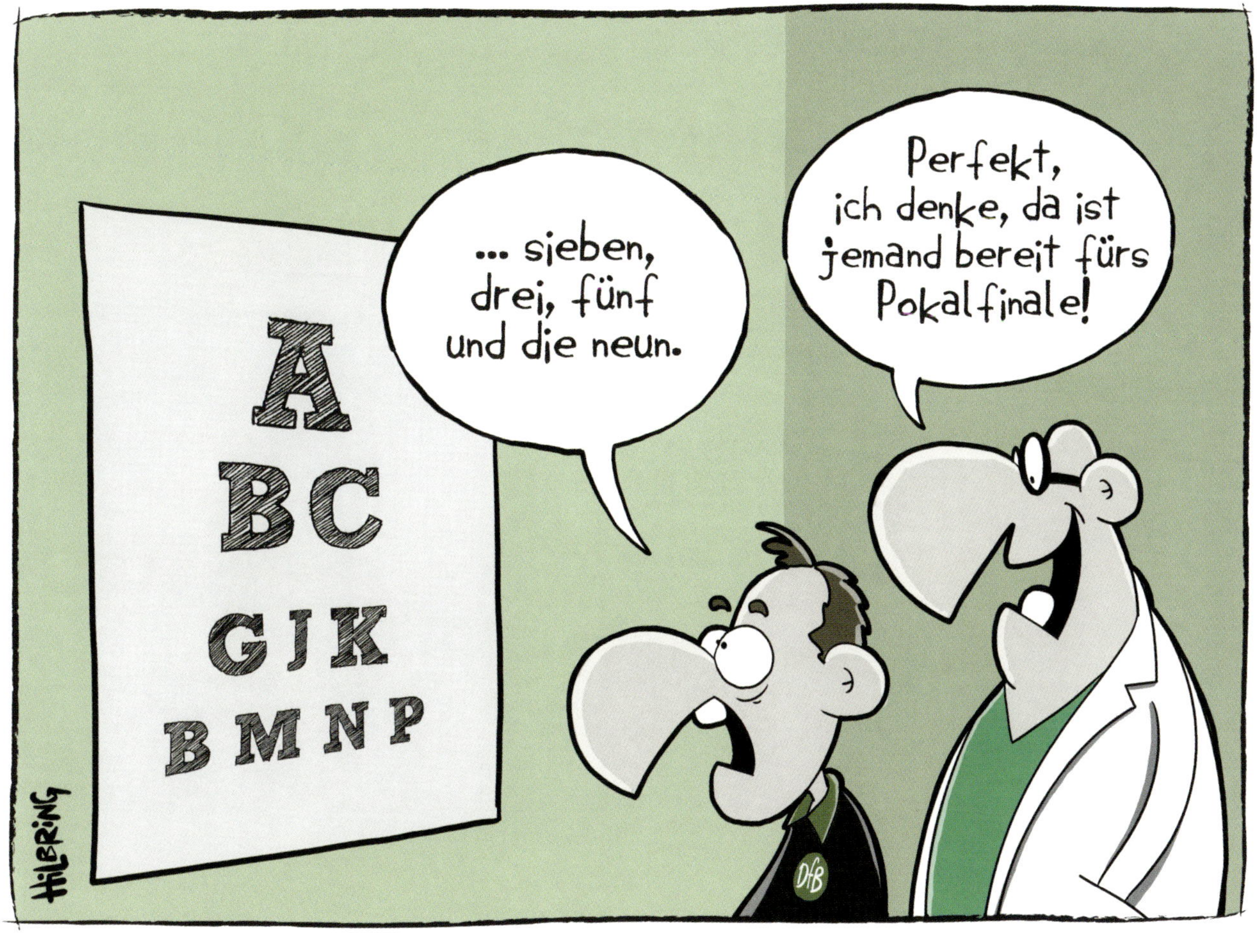
A
BC
GJK
BMNP
... sieben, drei, fünf und die neun.
Perfekt, ich denke, da ist jemand bereit fürs Pokalfinale!
DfB
HILBRING

So krasse Fehlentscheidungen wären Schiri Florian Meyer mit Brille wohl nicht passiert. (2013/14)

Ruhrpott gegen Stuttgart: 6:1 ...

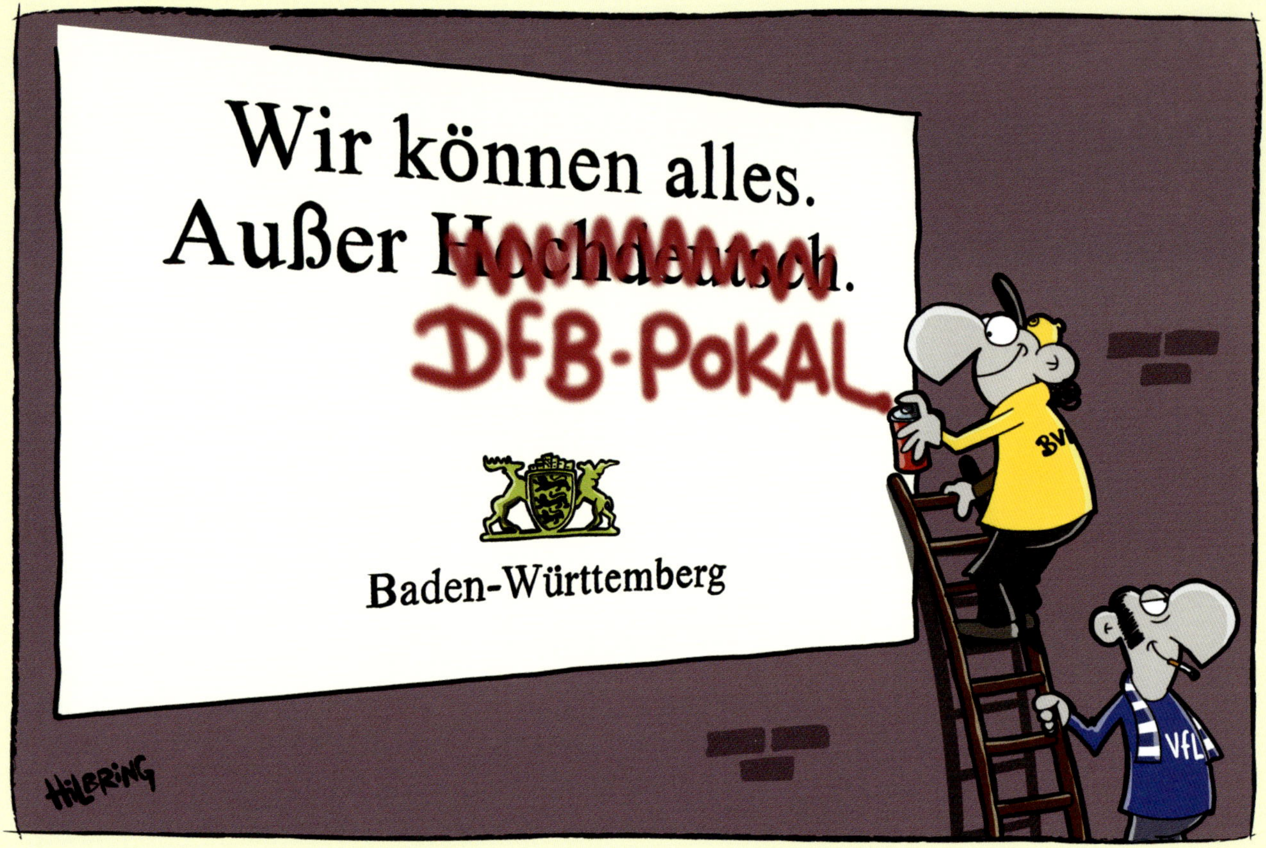
Wir können alles.
Außer Hochdeutsch.
DFB-POKAL
Baden-Württemberg
BVB
VfL
HILBRING

Der BVB gewinnt bei den Stuttgarter Kickers mit 4:1. Der VfL Bochum schlägt den VfB Stuttgart mit 2:0. (2014/15)

Neulich im Zugabteil ...

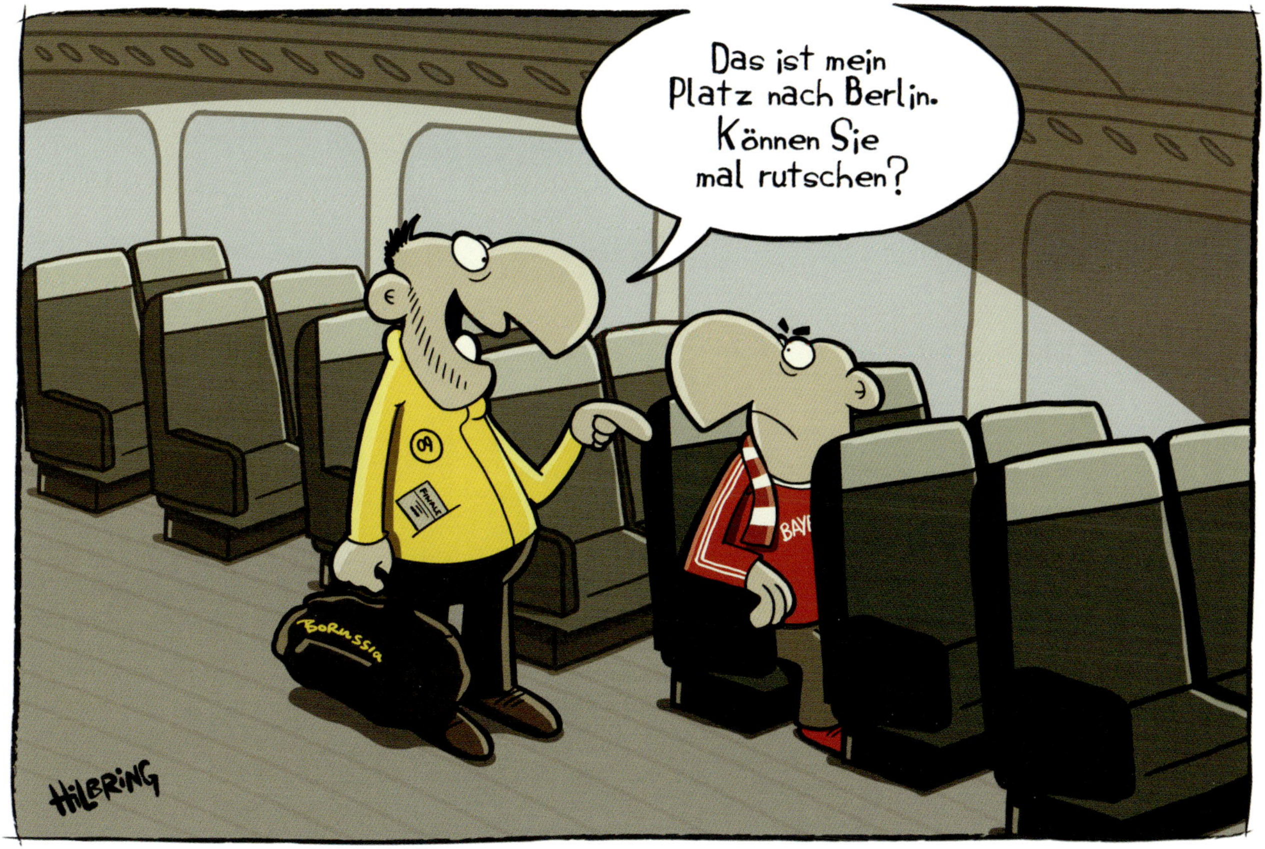
Das ist mein Platz nach Berlin. Können Sie mal rutschen?
HILBRING

Mal wieder in einem Abteil nach Berlin (2014/15)

Neulich vor dem Pokalfinale …

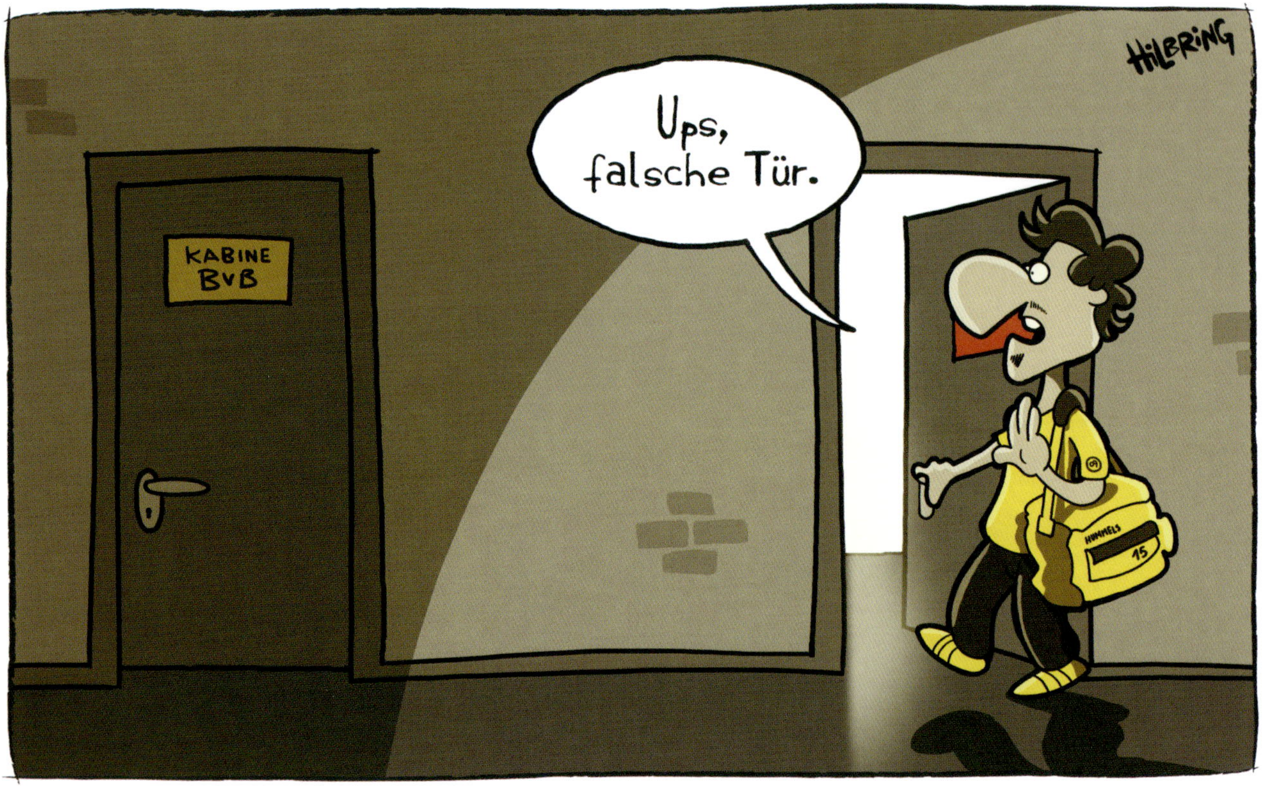
HILBERING
Ups, falsche Tür.
KABINE BVB
HUMMELS
15

Auch ein Mats Hummels kann in den Katakomben schon mal falsch abbiegen. (2015/16)

Neulich beim DFB-Pokal: Nicht alle Tennisbälle schaffen es ins Stadion.

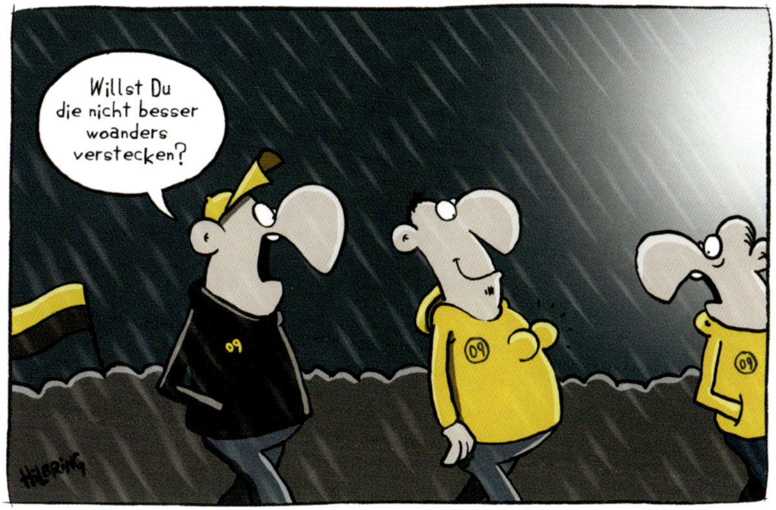
Willst Du die nicht besser woanders verstecken?
09
09
09
HILBRING

Die Fans lassen sich immer was einfallen und kriegen, wenn sie wollen, alles mit ins Stadion. (2015/16)

Neulich am Airport Dortmund ...

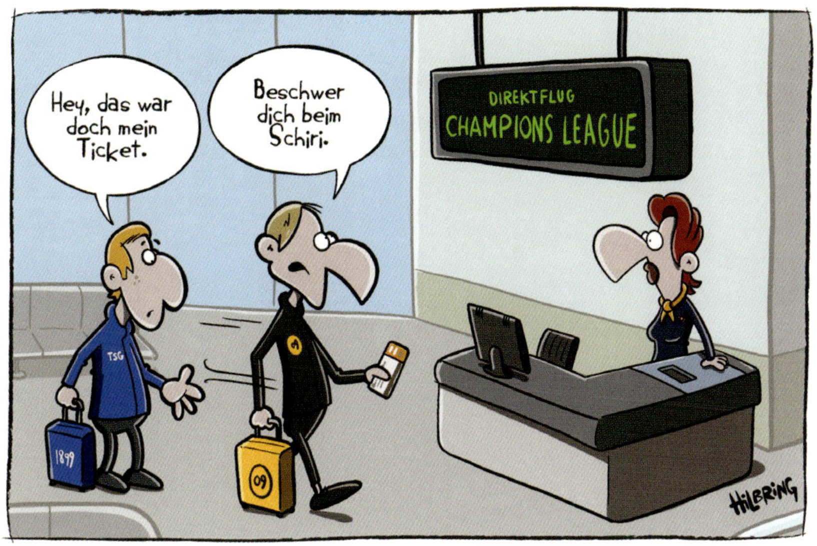
Hey, das war doch mein Ticket.
Beschwer dich beim Schiri.
DIREKTFLUG
CHAMPIONS LEAGUE
TSG
1899
09
HILBRING

Da hat der BVB den Hoffenheimern gerade noch das Champions-League-Ticket weggeschnappt. (2016/17)

Tuchel auf dem Weg zum Pokal-Finale …

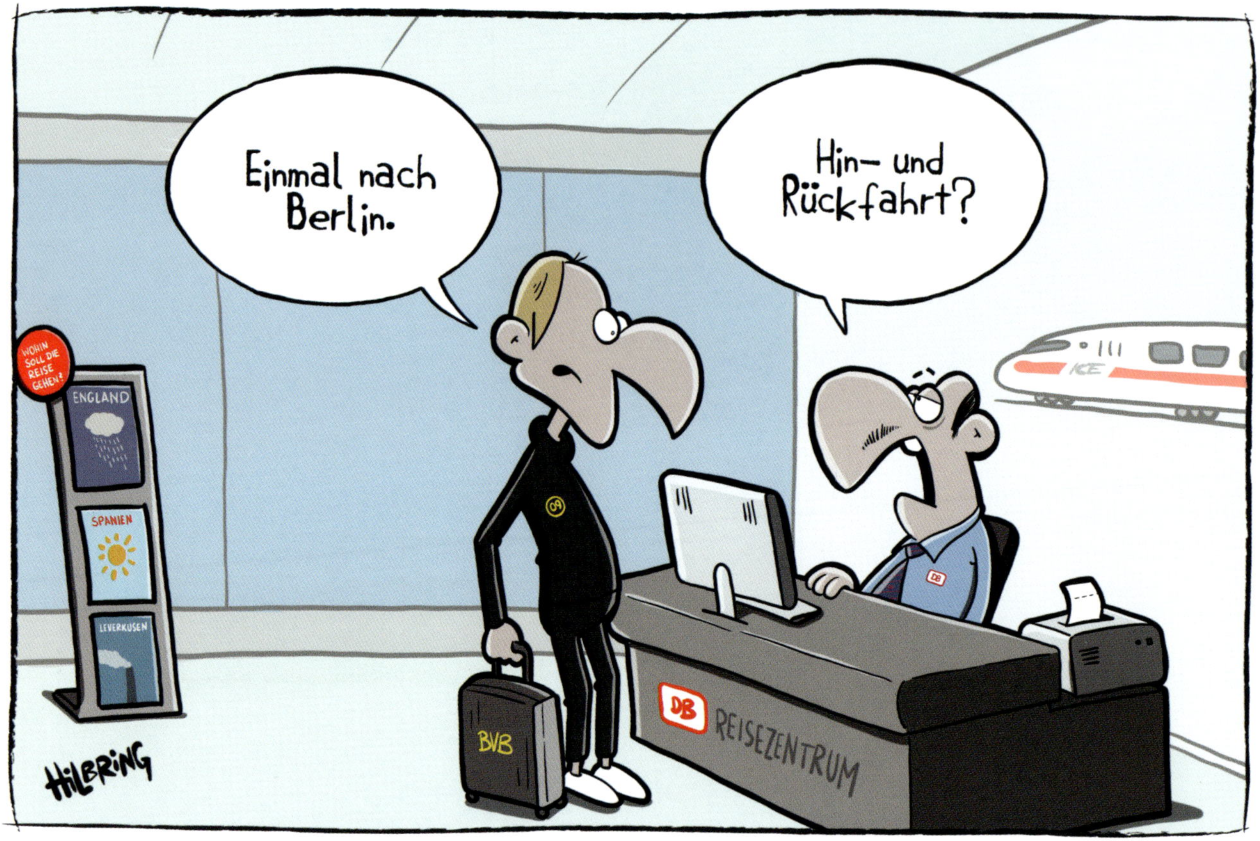
Einmal nach Berlin.
Hin- und Rückfahrt?
WOHIN SOLL DIE REISE GEHEN?
ENGLAND
SPANIEN
LEVERKUSEN
BVB
DB
DB REISEZENTRUM
HILBRING

Thomas Tuchel genügte ein One-Way-Ticket … (2016/17)

Tuchel und Watzke: Umarmung nach dem Pokalsieg ...

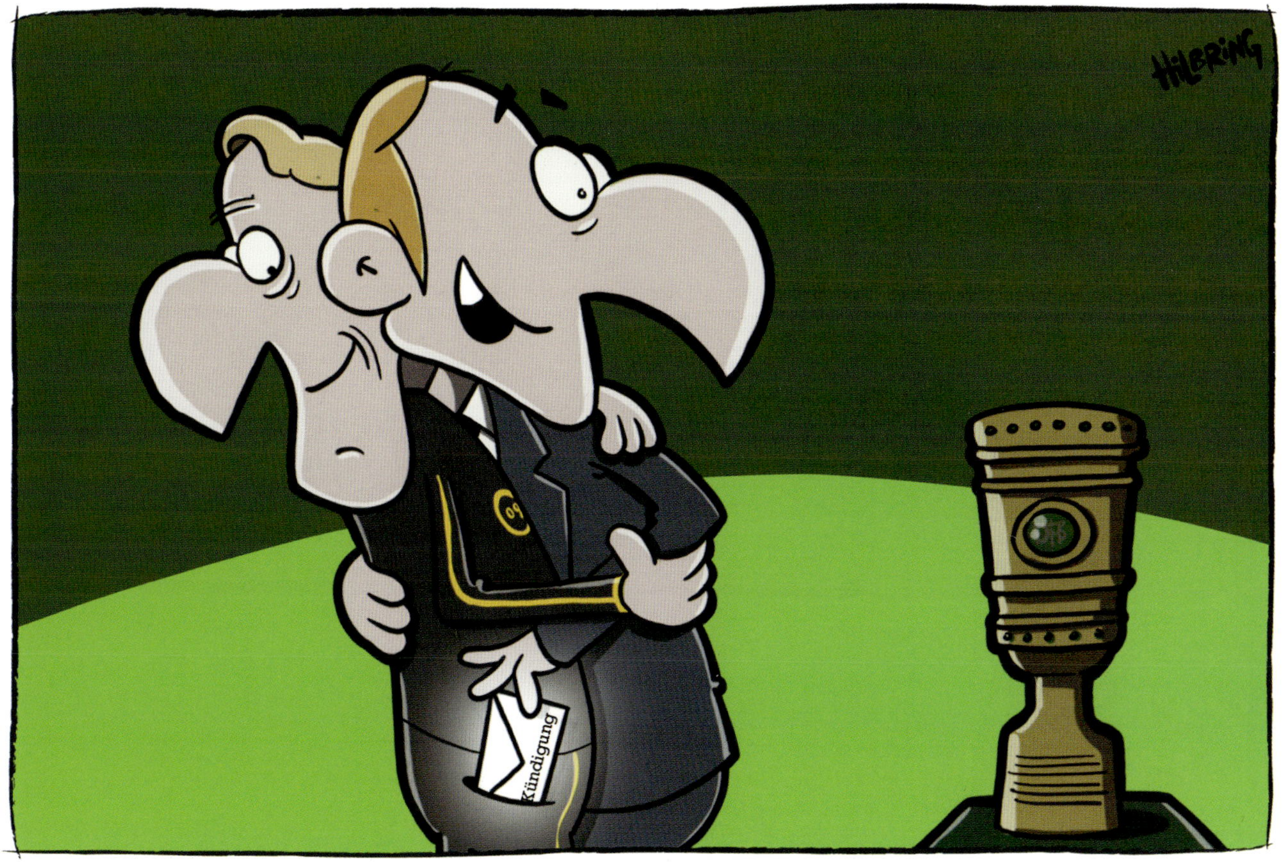

... denn den Rückweg konnte er schon nach eigenen Plänen gestalten. (2016/17)

Jetzt spricht der Platzwart von Lotte ...

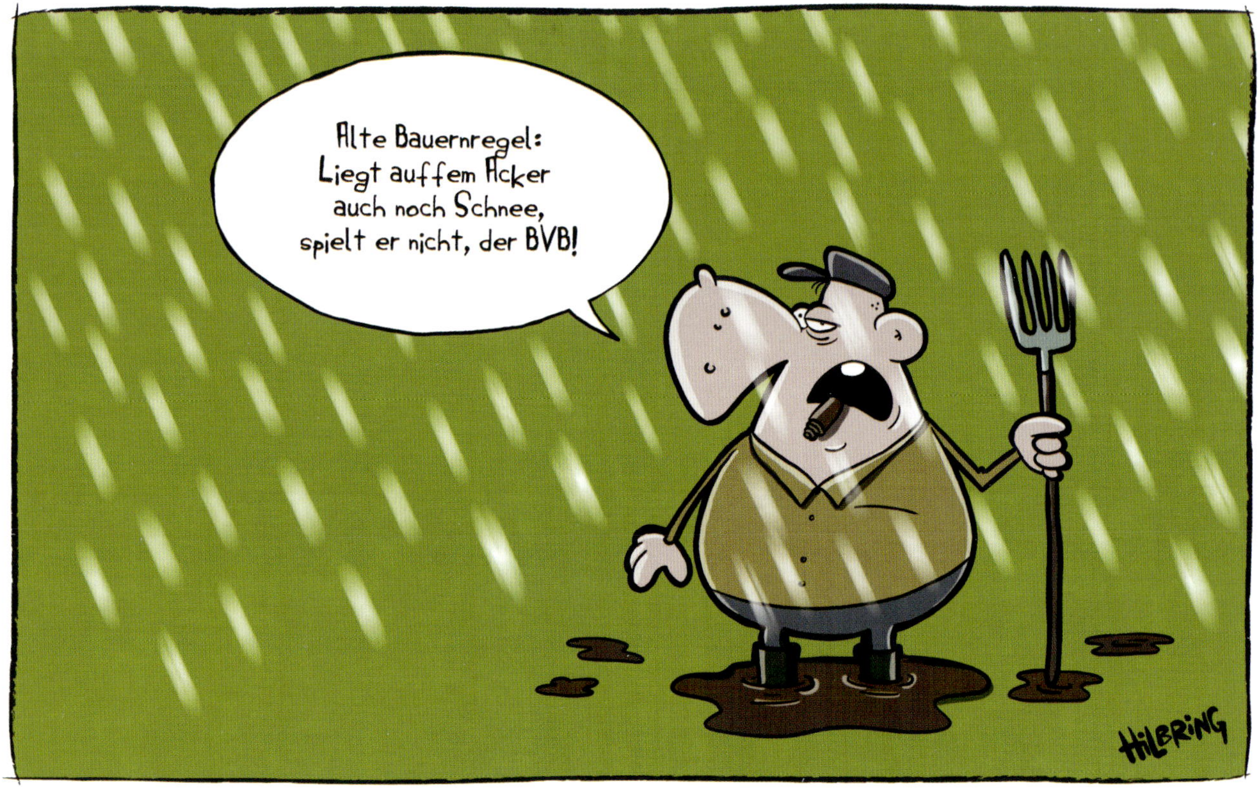
Alte Bauernregel:
Liegt auffem Acker
auch noch Schnee,
spielt er nicht, der BVB!
HILBRING

Am Anfang muss man im Pokal über die Dörfer. (2016/17)

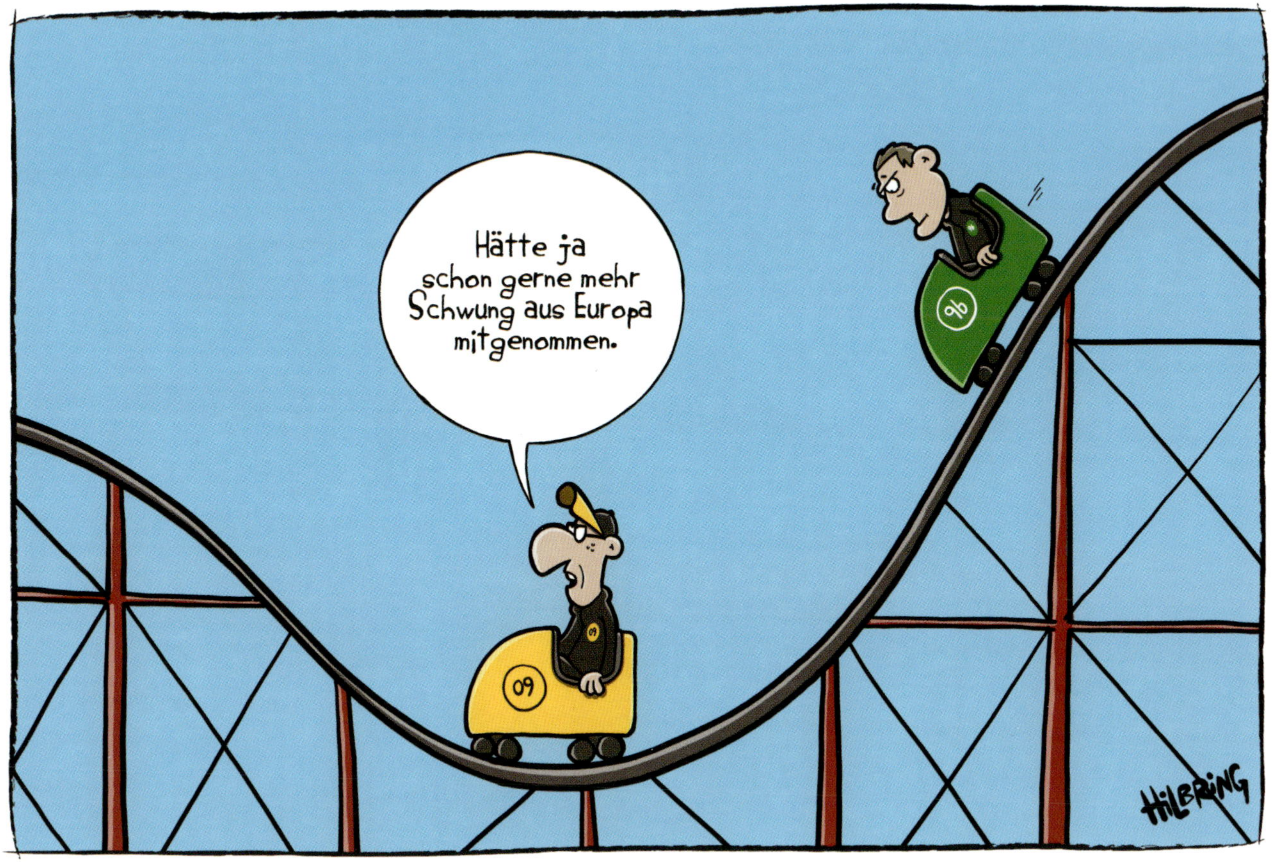
Hätte ja schon gerne mehr Schwung aus Europa mitgenommen.
09
96
HILBRING

Einem 1:1 in Nikosia folgte eine 2:4-Klatsche in Hannover. (2017/18)

Derby-Gipfeltreffen um Platz 2 ...

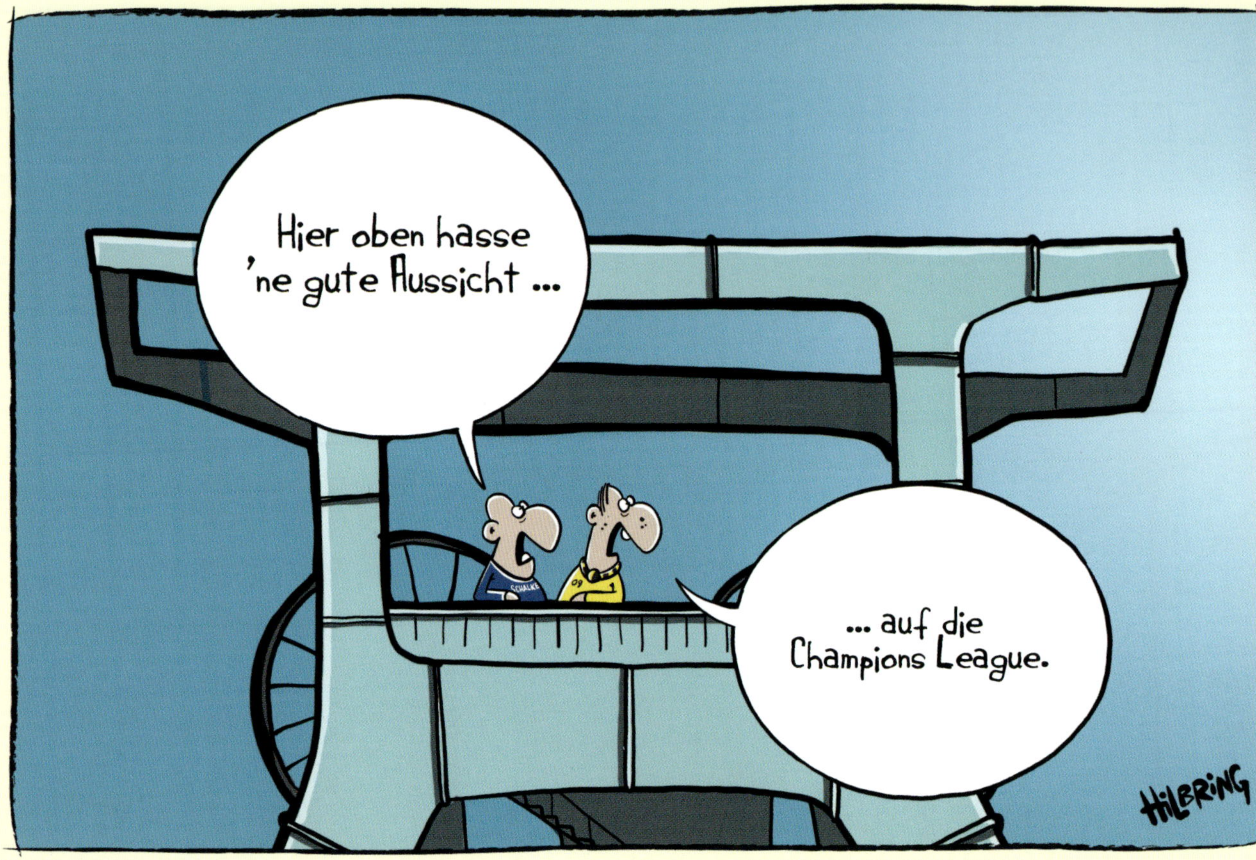
Hier oben hasse 'ne gute Aussicht ...
... auf die Champions League.
HILBRING

Seltene Aussichten vor einem Derby (2017/18)

Neulich in Dortmund ...

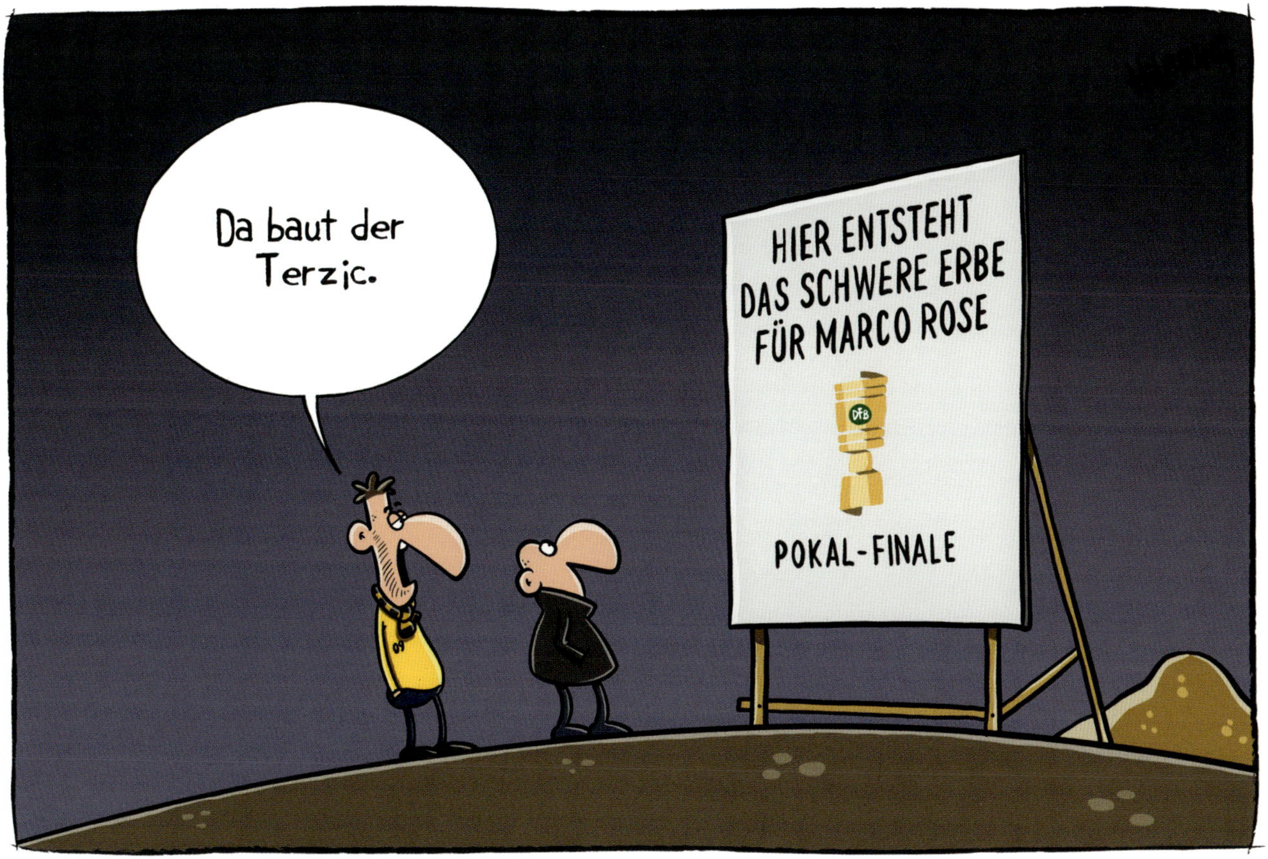
Da baut der Terzic.
HIER ENTSTEHT DAS SCHWERE ERBE FÜR MARCO ROSE
DFB
POKAL-FINALE

Da hatte nicht jeder nur Spaß am Pokalsieg der Borussen. (2020/21)

Neulich in Amsterdam ...

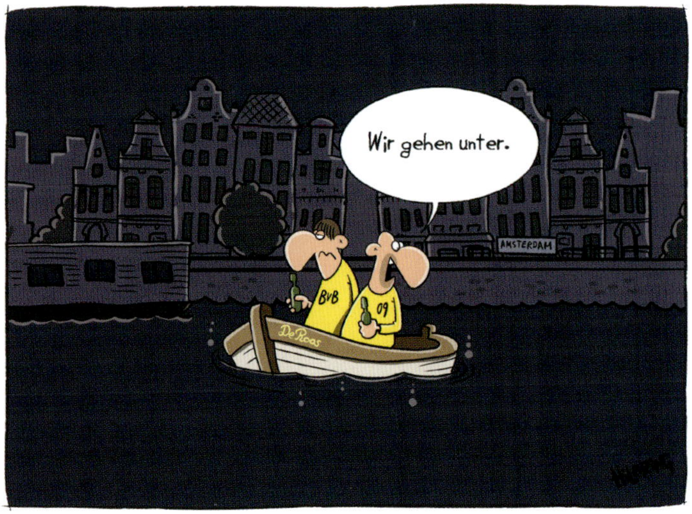
Wir gehen unter.
AMSTERDAM
De Roos
BVB
09

Gegen Ajax war Endstation, und mit 0:4 wurde es in Holland richtig deftig. (2021/22)

BVB-Auftakt in der Champions League ...

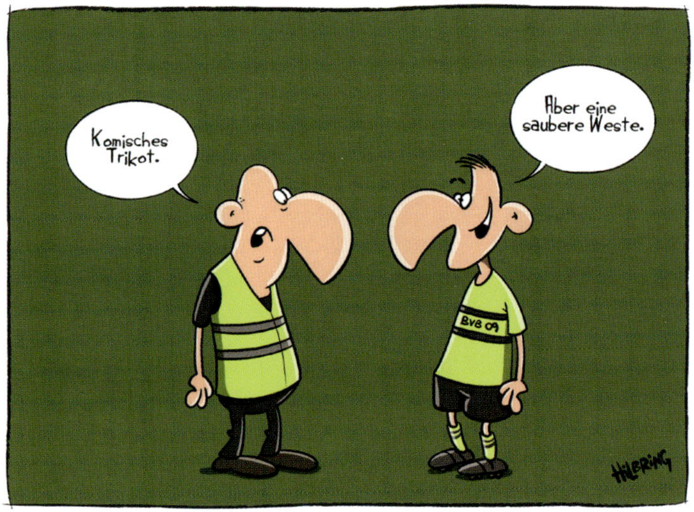
Komisches Trikot.
Aber eine saubere Weste.
BVB 09

In Istanbul präsentierte Borussia ihr neues internationales Trikot. Nicht jedem gefiel es. (2021/22)

Neulich in der Europa League ...

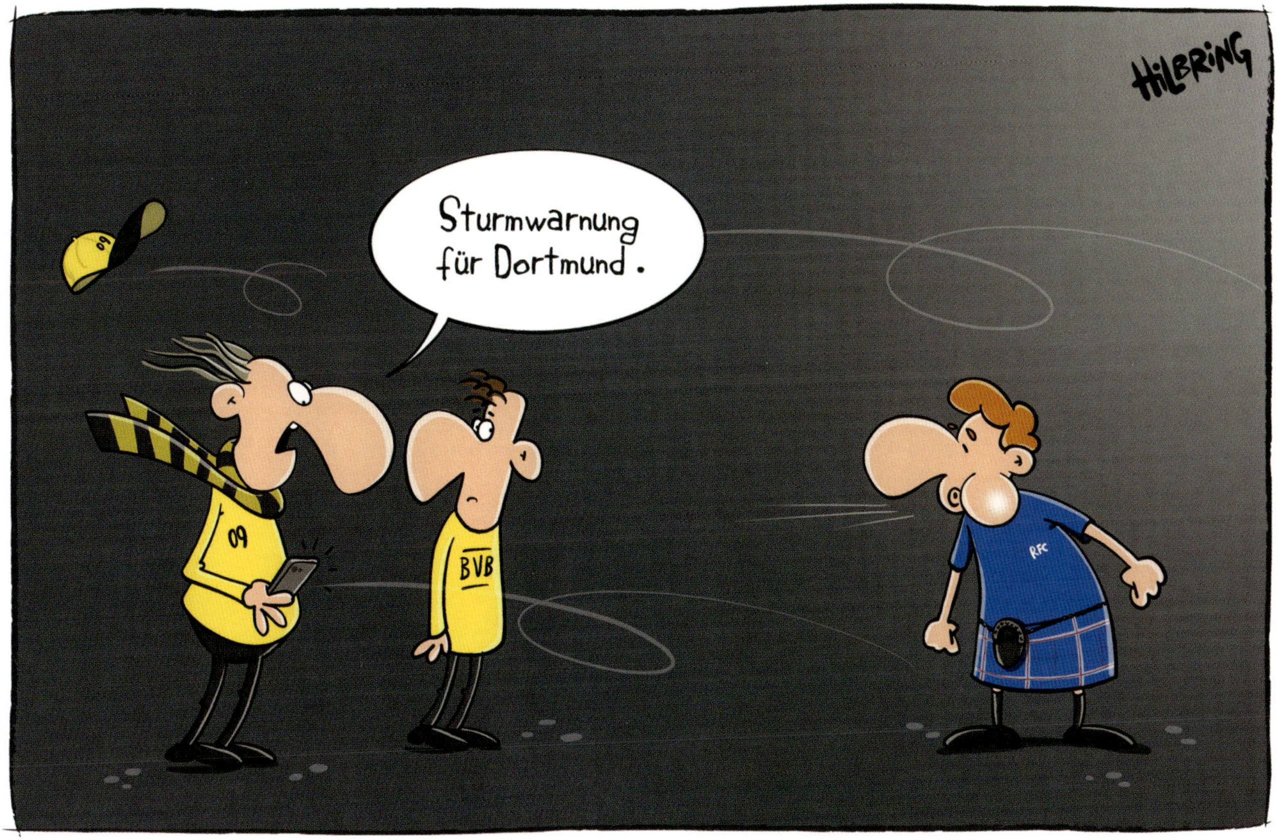

Sturmwarnung für Dortmund.
HILBRING
09
BVB
RFC

Die Glasgow Rangers pusteten den BVB aus dem Wettbewerb. (2021/22)

STARS UND STERNCHEN

Das Geschäftsmodell von Borussia Dortmund besteht seit vielen Jahren im erfolgreichen Im- und Export außergewöhnlich talentierter internationaler Jung-Stars. Konkret: Man sichert sich rechtzeitig, möglichst noch im Jugendlichen-Alter, die Rechte an einem erfolgversprechenden Kicker, pusht ihn durch regelmäßige Einsätze in der Bundesliga zu einem Kaliber, an dem die europäischen Großklubs Spaß haben. Und verkaufen ihn spätestens nach zwei Jahren mit riesigem Profit an selbige weiter. Man muss attestieren, dass das Konzept funktioniert, auch wenn es bisher nicht mit einer signifikanten Verbesserung des Börsenkurses einhergegangen ist.
Und die Fans, die gelbe Wand? Wie gehen sie mit den Aubameyangs und Sanchos, den Haalands und Bellinghams um, von denen sie vom ersten Spiel an wissen, dass es nur eine Kurzzeit-Liebe ist? Sie akzeptieren die neuen Fußballregeln und hoffen, dass sich immer wieder neue junge Kicker finden, die ihr Herz höher schlagen lassen und am Borsigplatz zu Sternchen werden und irgendwo anders dann zu richtigen Stars.

Aubameyang: Geheimtreffen in Dortmund-Oespel …

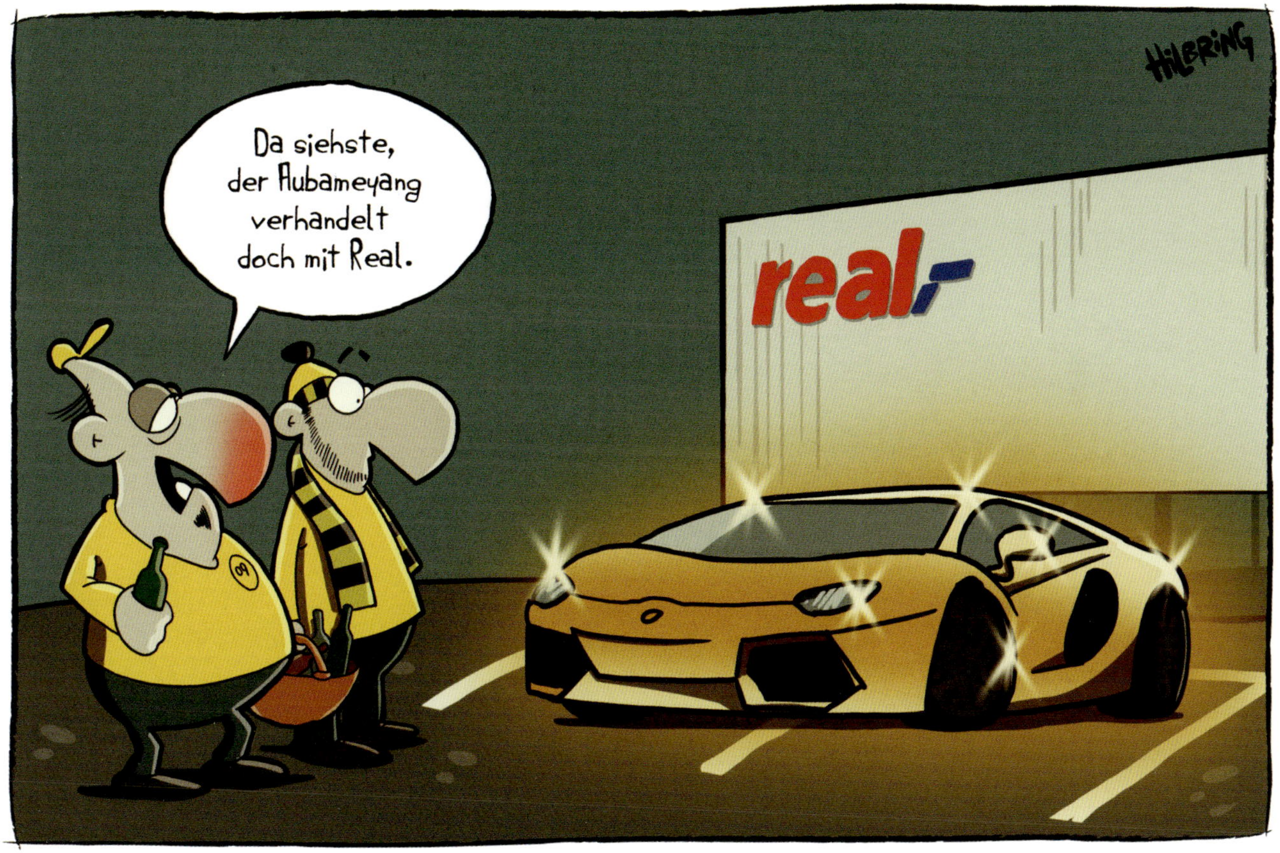
Da siehste, der Aubameyang verhandelt doch mit Real.
real
HILBRING

Aubameyang verhandelte in seiner Dortmunder Zeit ungefähr mit jedem. (2015/16)

Helene Fischer beim BVB …

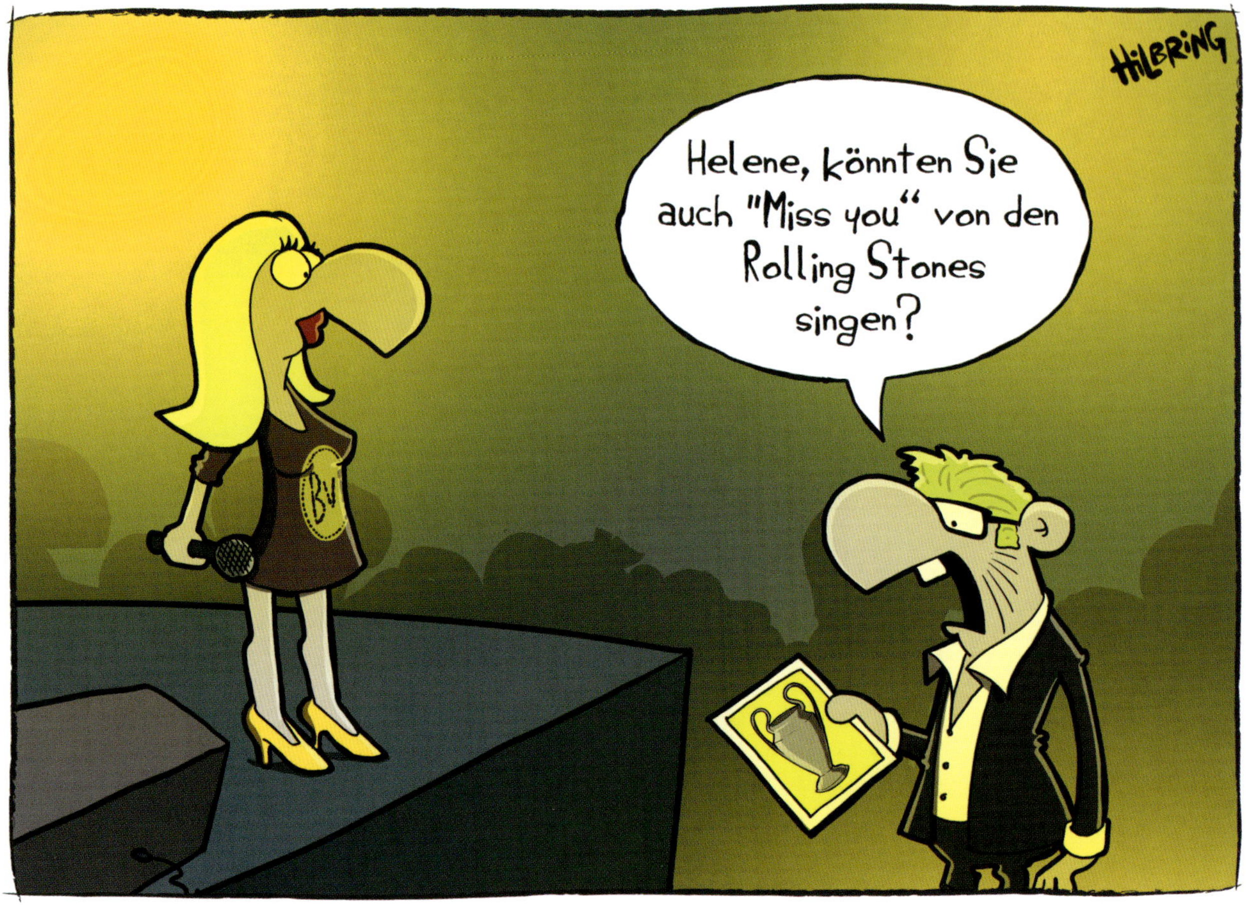
HILBRING
Helene, könnten Sie auch "Miss you" von den Rolling Stones singen?

Manchmal hat man eben besondere Titel-Wünsche. (2012/13)

Nuri „Ruhri“ Sahin ist wieder zu Hause.

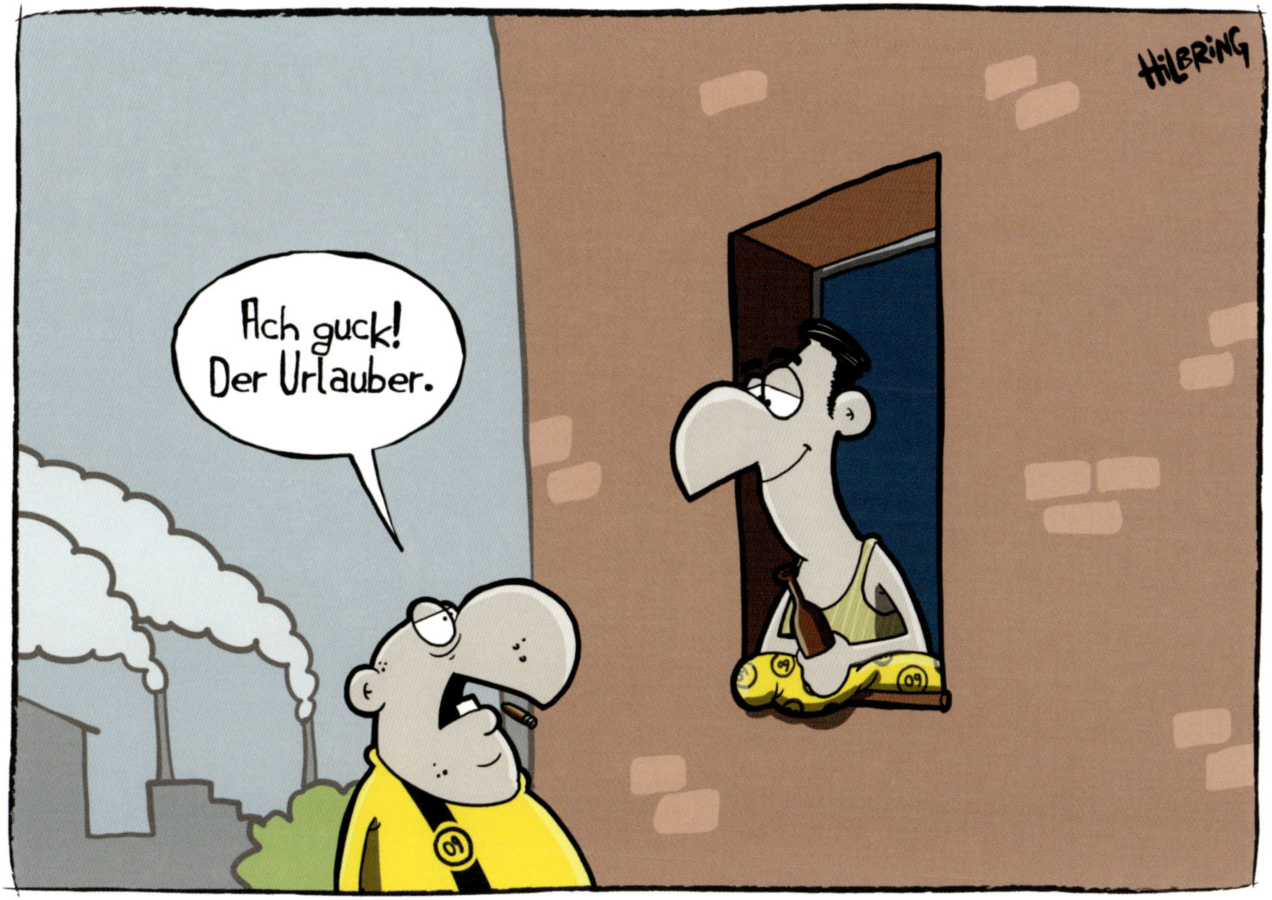
HILBRING
Ach guck! Der Urlauber.

Wieder hier, in seinem Revier (2015/16)

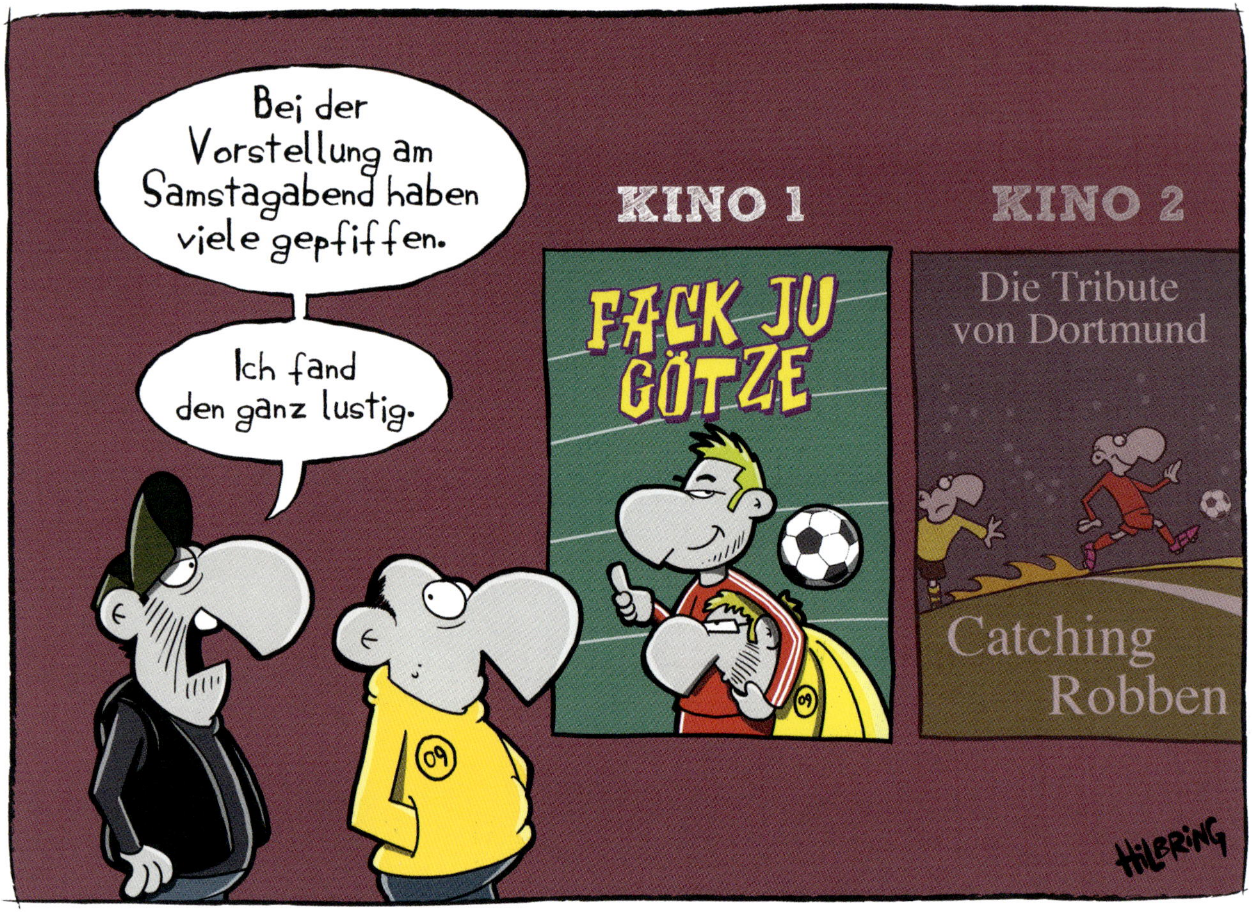
Bei der Vorstellung am Samstagabend haben viele gepfiffen.
Ich fand den ganz lustig.
KINO 1
FACK JU GÖTZE
KINO 2
Die Tribute von Dortmund
Catching Robben
HILBRING

Mal wieder ganz großes Kino in Dortmund (2013/14)

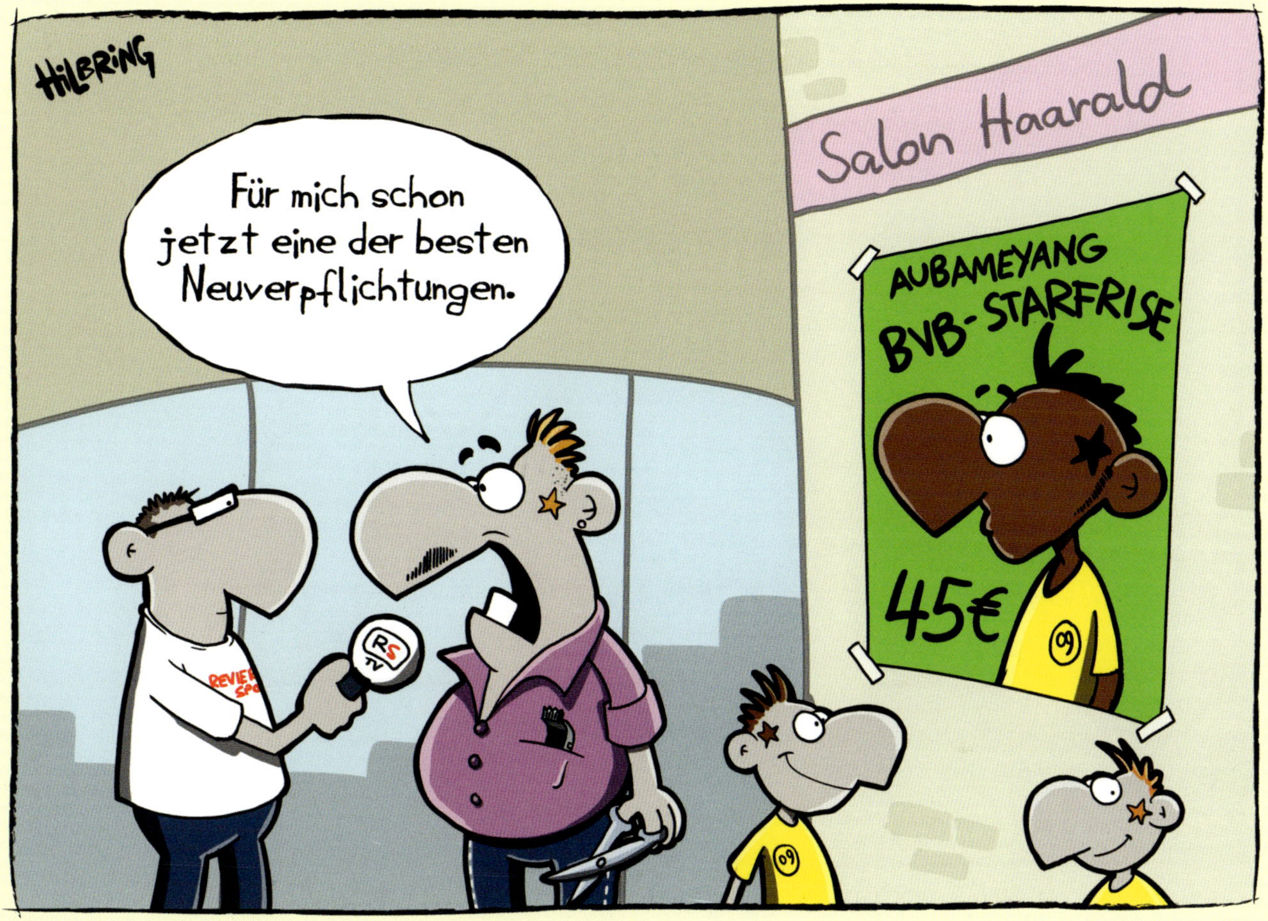
HILBRING
Für mich schon jetzt eine der besten Neuverpflichtungen.
Salon Haarald
AUBAMEYANG
BVB-STARFRISE
45€

Bei Aubameyang kamen auch die Dortmunder Friseure voll auf ihre Kosten. (2013/14)

Ein Geheimnis hinter der geringen Punkteausbeute des BVB …

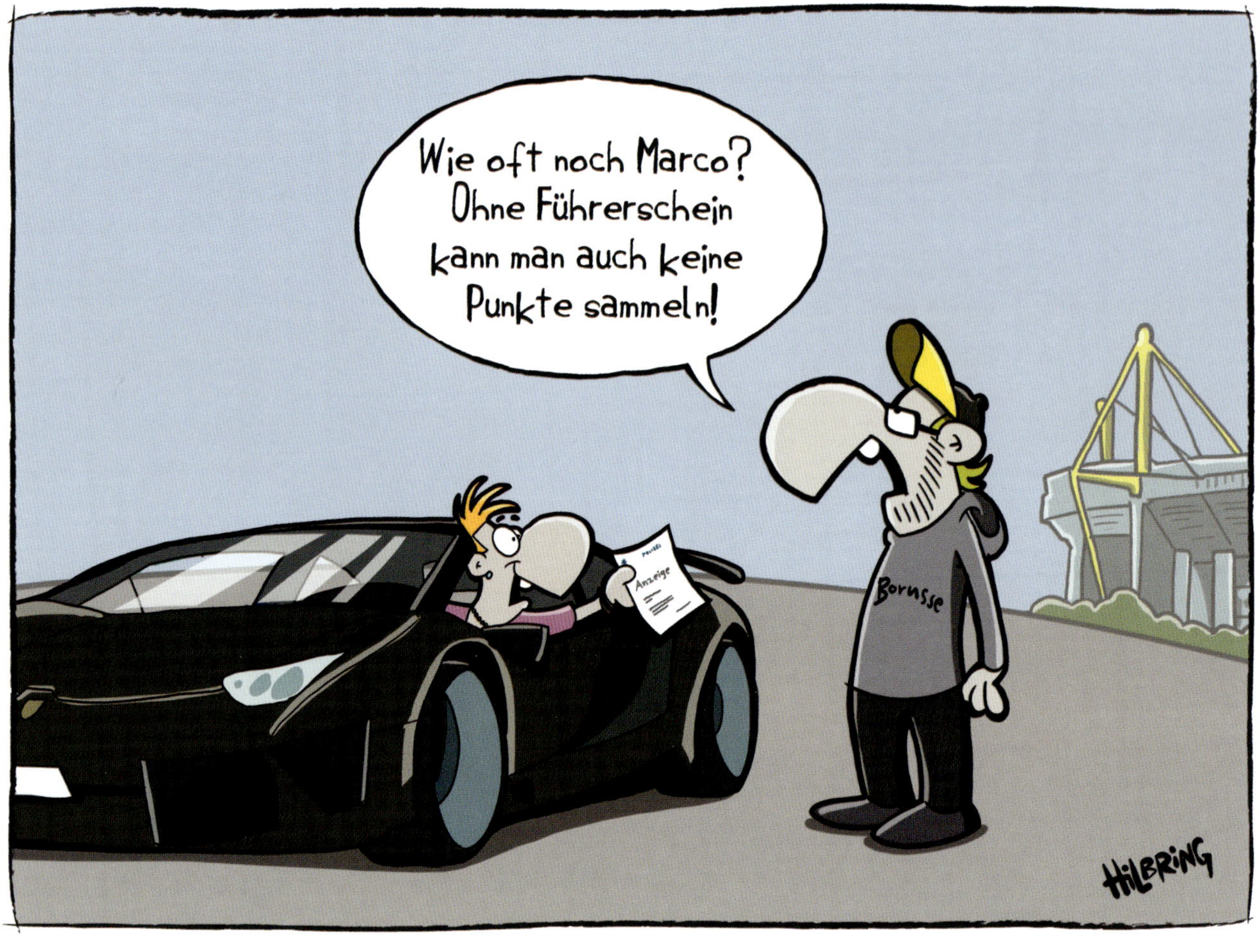
Wie oft noch Marco? Ohne Führerschein kann man auch keine Punkte sammeln!
Anzeige
Borusse
HILBRING

Marco Reus wollte ja nur helfen. (2014/15)

Hummels unter Druck ...

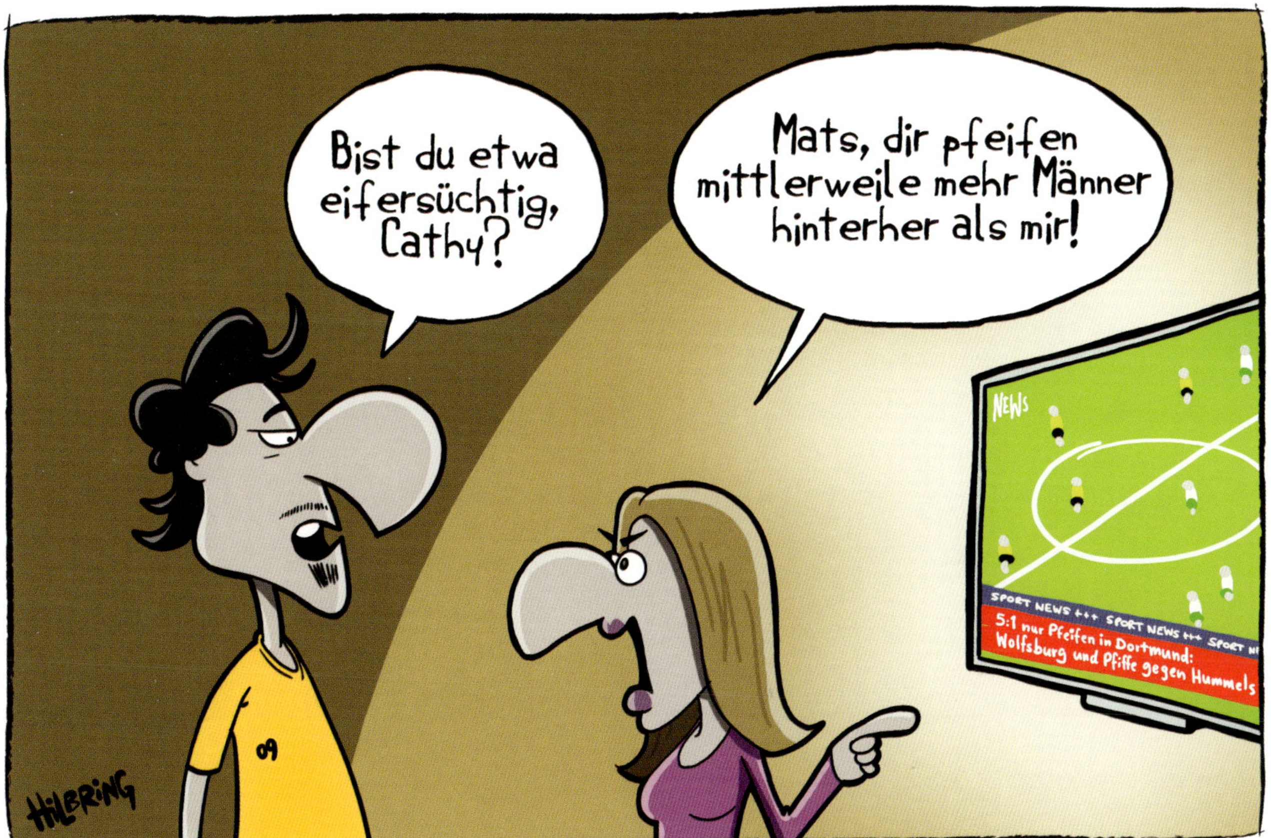
Bist du etwa eifersüchtig, Cathy?
Mats, dir pfeifen mittlerweile mehr Männer hinterher als mir!
NEWS
SPORT NEWS +++ SPORT NEWS +++
5:1 nur Pfeifen in Dortmund: Wolfsburg und Pfiffe gegen Hummels
HILBRING

Krach im Hause Hummels (2015/16)

24300 Flugkilometer für Afrikas Fußballer des Jahres …

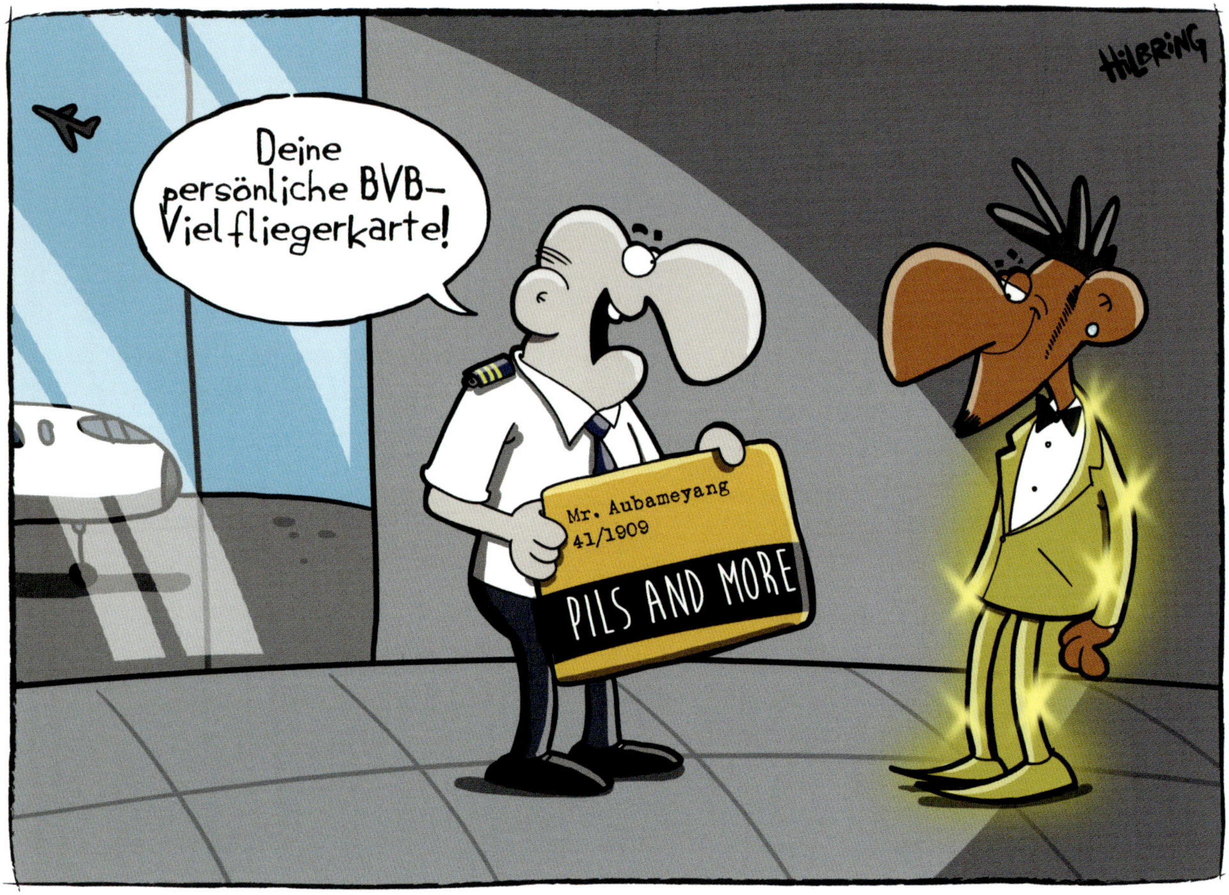

Auba kam in seiner Zeit im Dortmunder Trikot viel rum. (2015/16)

Emotionaler Abschied in Dortmund ...

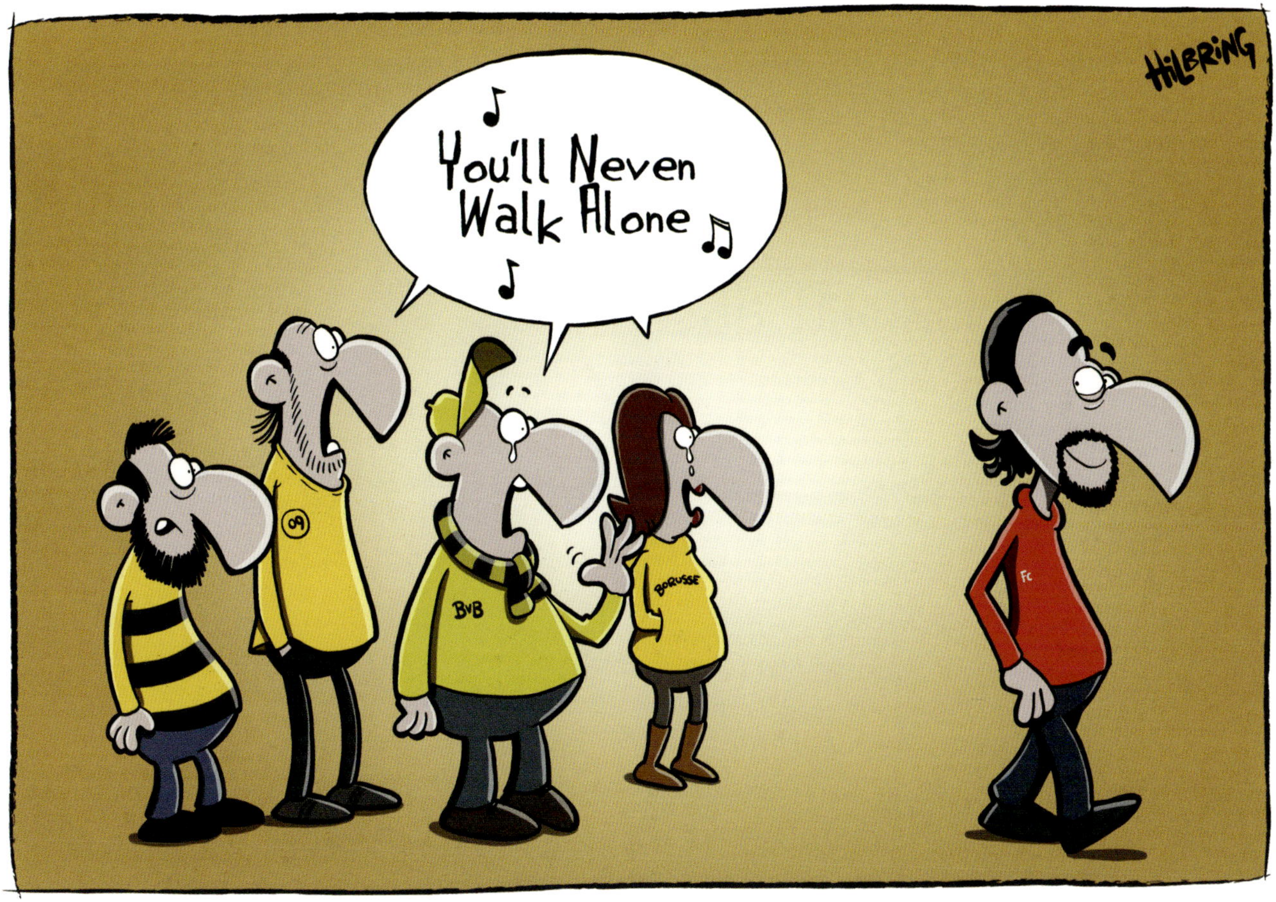
HILBRING
You'll Neven Walk Alone
09
BVB
BORUSSE
FC

Bei seinem Abgang weinten ihm alle eine Träne nach: Neven Subotic bleibt unvergessen. (2016/17)

Neulich in der BVB-Kita ...

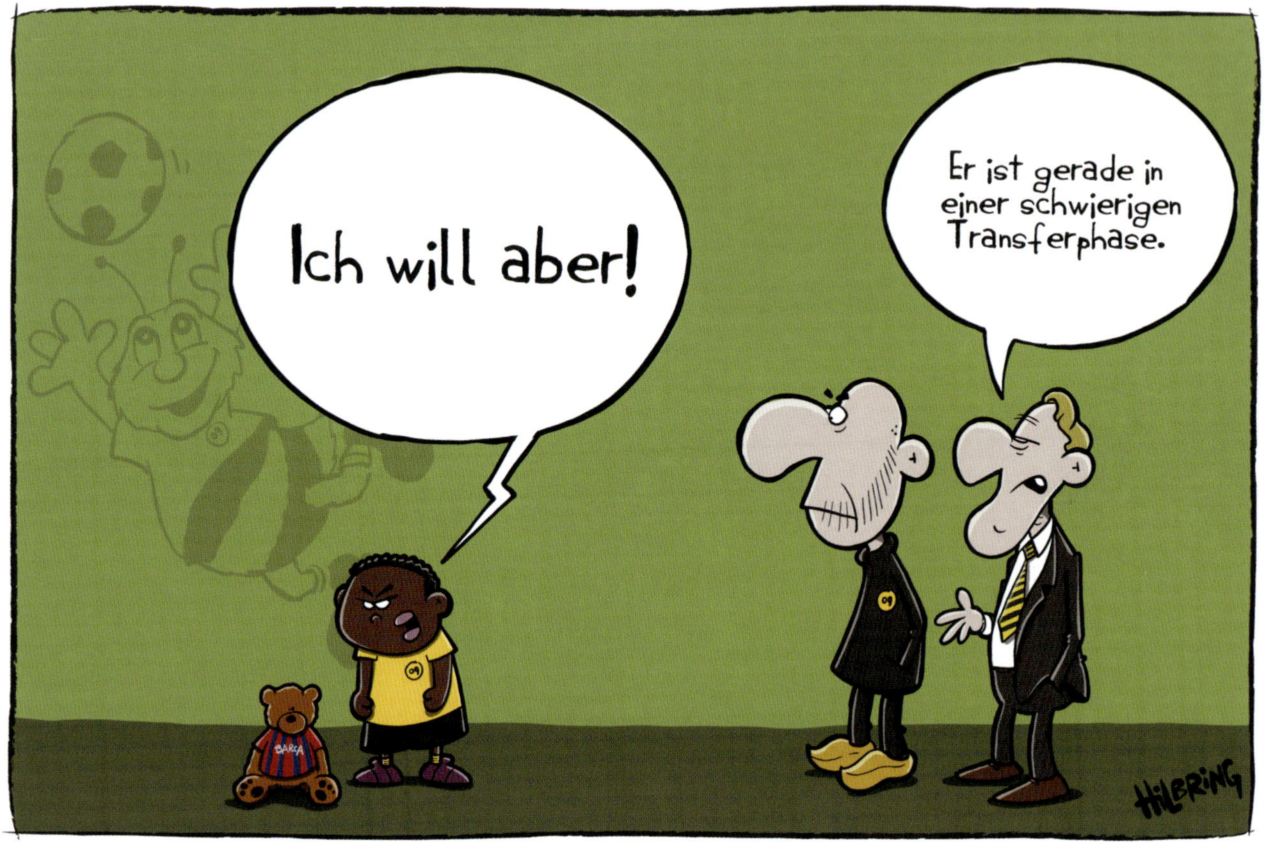
Ich will aber!
Er ist gerade in einer schwierigen Transferphase.
BARCA
HILBRING

Dembele knatscht sich weg aus Dortmund ... (2017/18)

Dembélé-Transfer: Stade Rennes kassiert 25%.

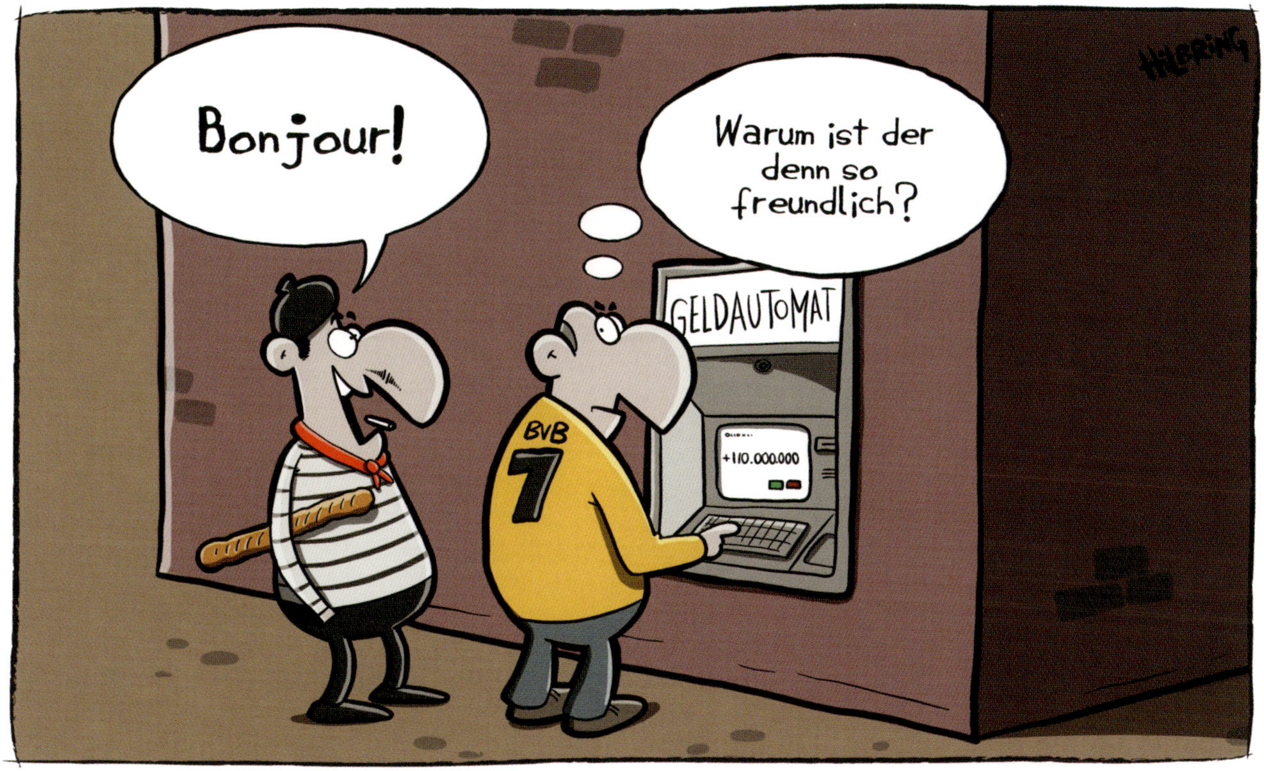
Bonjour!
Warum ist der denn so freundlich?
GELDAUTOMAT
+110.000.000
BVB
HILBRING

... und manche fanden das echt witzig. (2017/18)

Um Körper und Geist in Einklang zu bringen,
folgten die beiden Top-Stürmer verschiedenen Lehrmeistern …

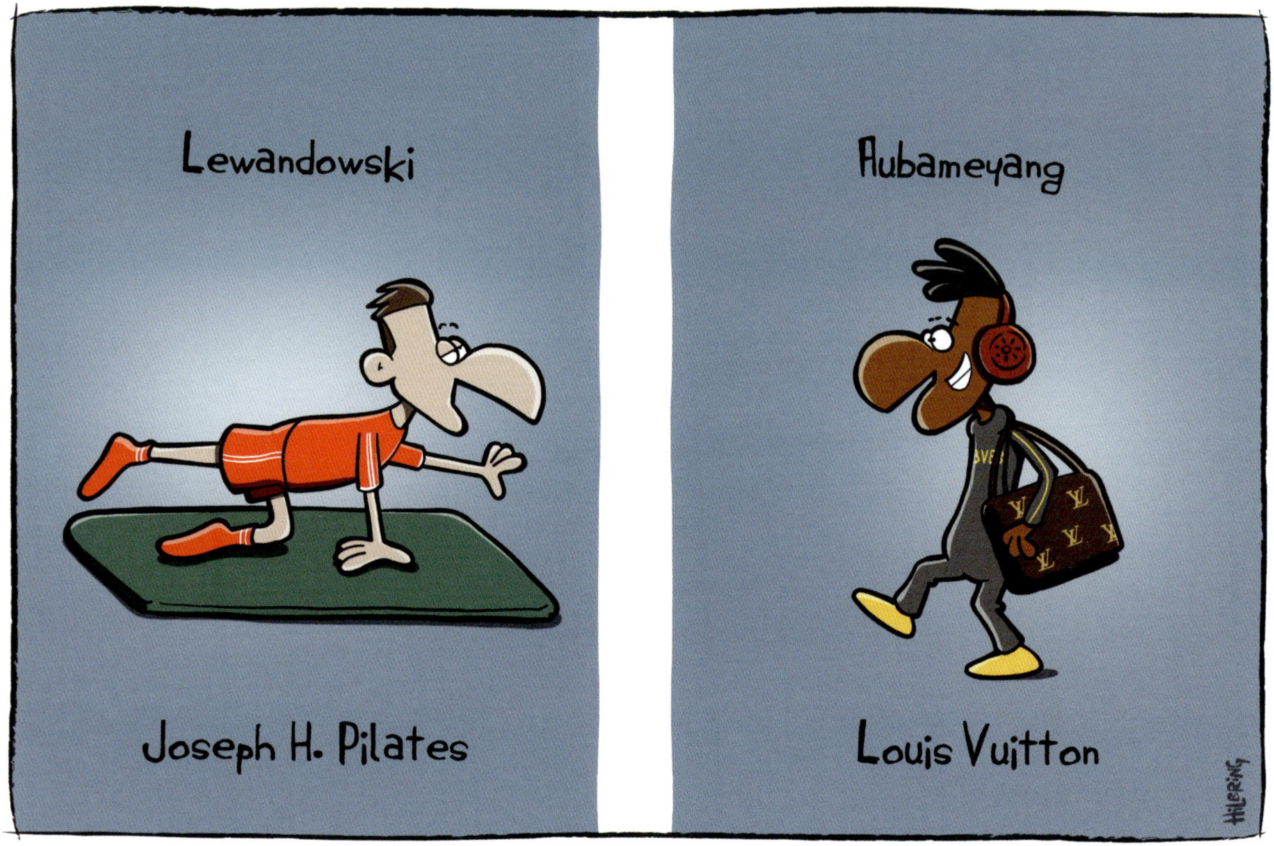

Ohne Fleiß kein Preis. Oder doch? (2015/16)

Der Fußball ist so schnelllebig …

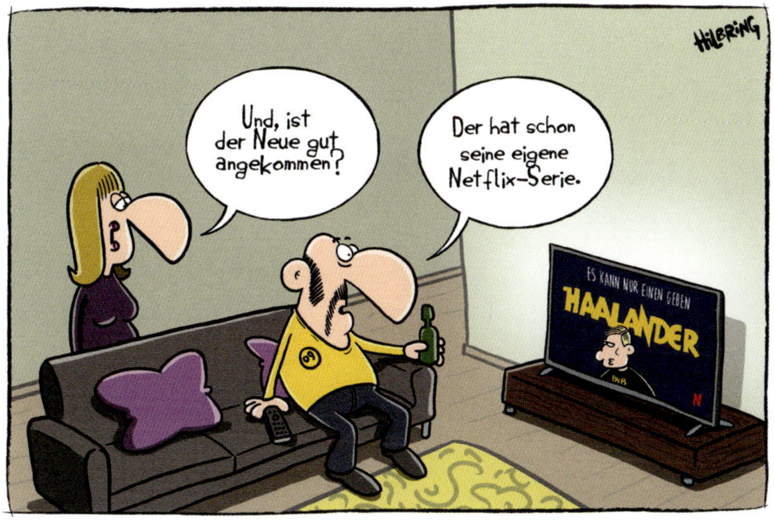
HILBRING
Und, ist der Neue gut angekommen?
Der hat schon seine eigene Netflix-Serie.
ES KANN NUR EINEN GEBEN
HAALANDER

Und dann kam die Zeit mit dem Torminator … (2019/20)

Ostern in Dortmund …

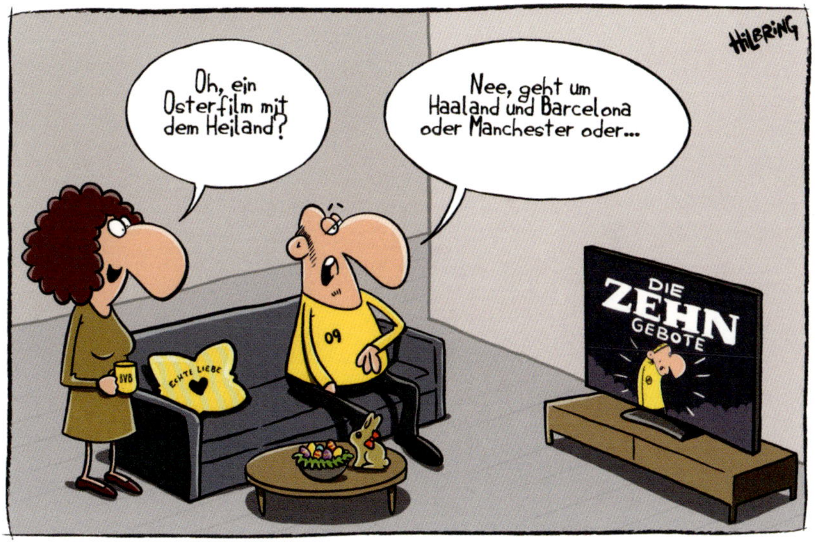
HILBRING
Oh, ein Osterfilm mit dem Heiland?
Nee, geht um Haaland und Barcelona oder Manchester oder…
DIE ZEHN GEBOTE

… aber lange Spaß hatte man an Haaland nicht. (2020/21)

Programmwechsel in Dortmund ...

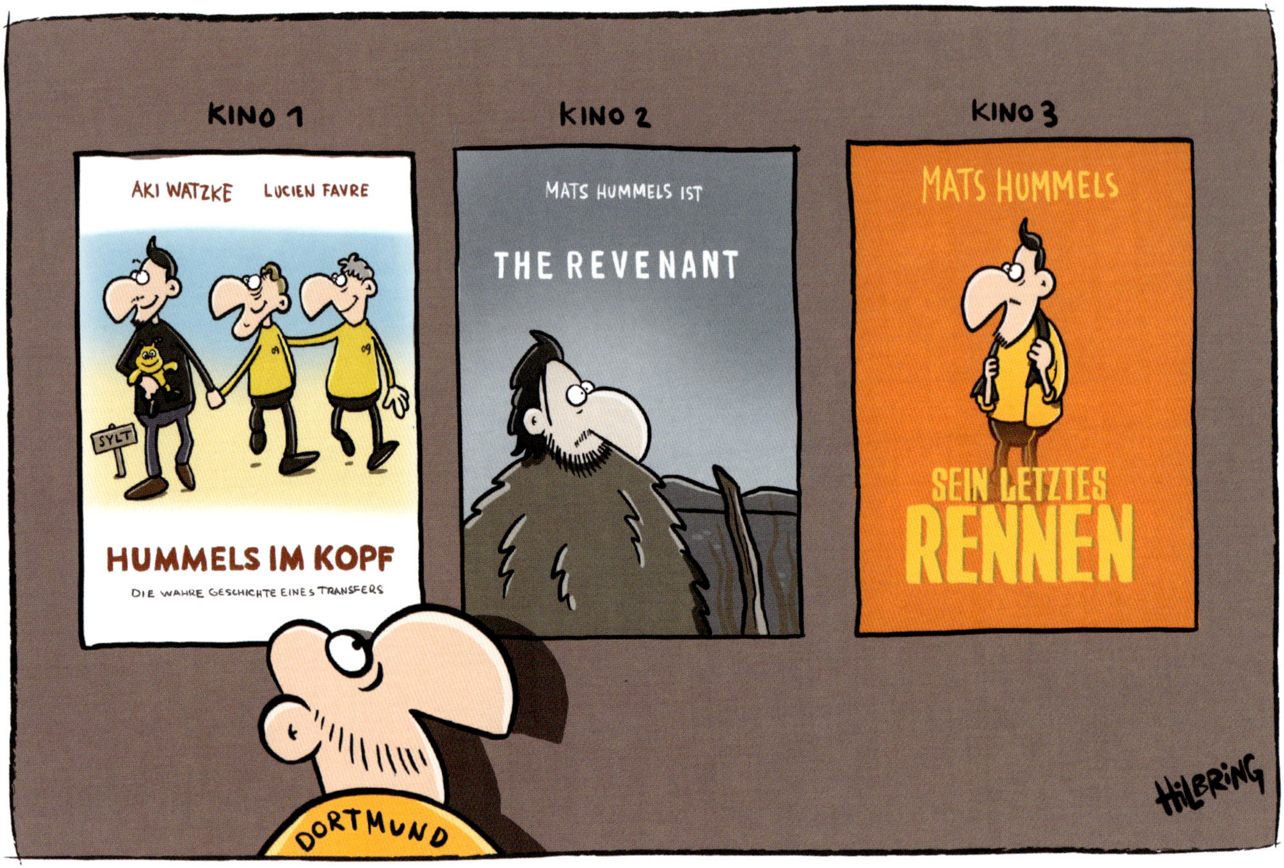

Filme zum Auswählen (2019/20)

Neulich beim Pokalspiel ...

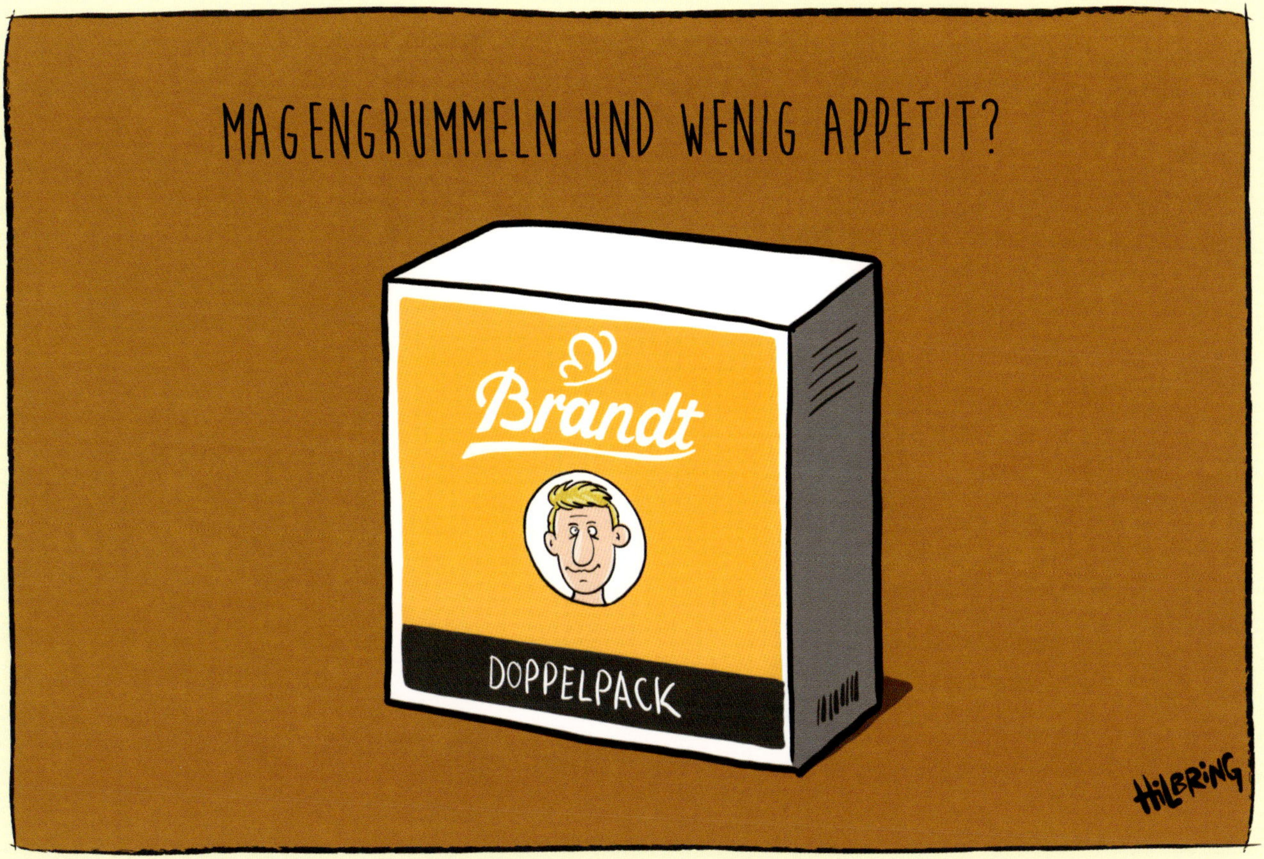
MAGENGRUMMELN UND WENIG APPETIT?
Brandt
DOPPELPACK
HILBRING

Julian Brandt – immer zwischen Vollkorn und Zwieback (2019/20)

Jüngster Bundesliga-Profi:
Übergibt Nuri Sahin am Samstag den Stab an Youssoufa Moukoko?

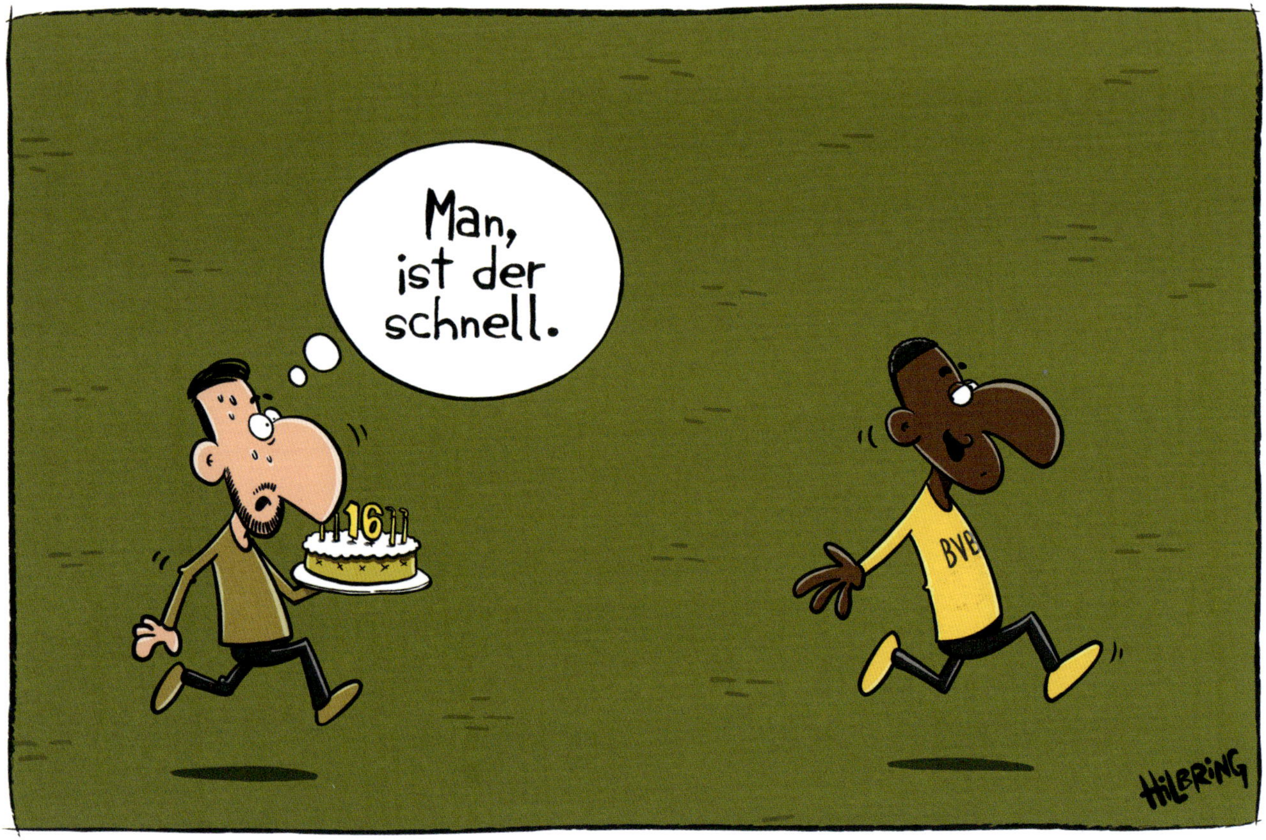
Man,
ist der
schnell.
16
BVB
HILBRING

Man wird eben nicht jünger. (2020/21)

Neulich in Dortmund …

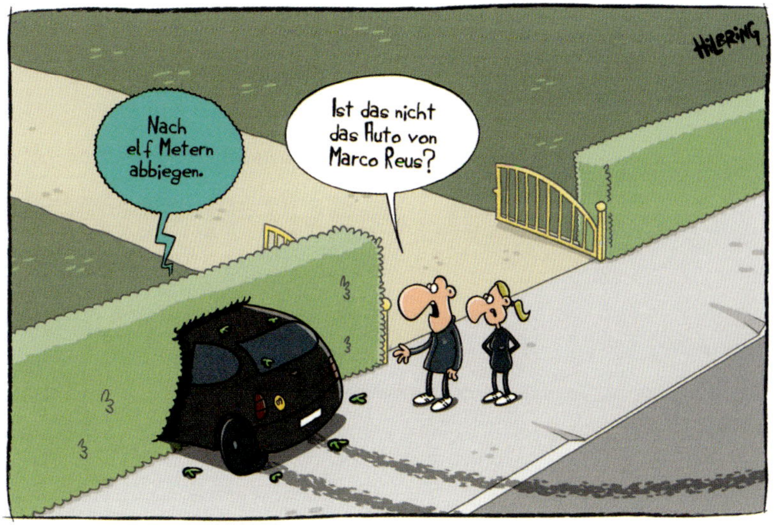
HILBRING
Nach elf Metern abbiegen.
Ist das nicht das Auto von Marco Reus?

An Marco Reus und seinen Fahrkünsten hat nicht nur Oli Hilbring seinen Spaß. (2020/21)

Neulich in Köln …

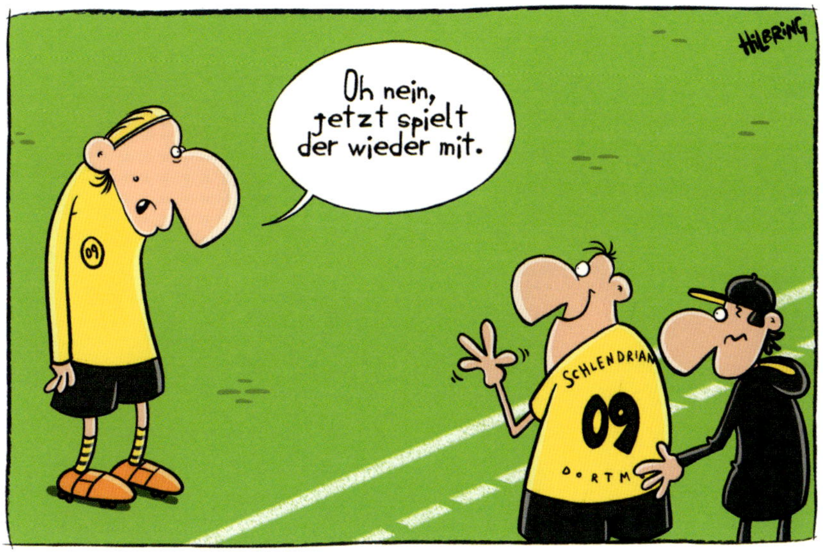
HILBRING
Oh nein, jetzt spielt der wieder mit.
SCHLENDRIAN
09
DORTM

An dem Kollegen verzweifeln nicht nur seine Mitspieler. (2020/21)

TRAINERFREUD UND -LEID

Die ruhmreiche Geschichte des BVB ist auch eine ihrer legendären Trainer. Persönlichkeiten wie Helmut Schneider, Willi Multhaup, Ottmar Hitzfeld oder Matthias Sammer sorgten nicht nur für zahlreiche Trophäen in den Vereins-Vitrinen, sondern sie waren über viele Jahre das Gesicht des Vereins. Doch keiner reicht in seiner Wirkung an Jürgen Klopp heran.
In seiner siebenjährigen Tätigkeit am Borsigplatz sorgte er nicht nur für zwei Titelgewinne, einen Pokalsieg und etliche atemberaubende Auftritte in den europäischen Wettbewerben. Er verwandelte den Verein auch in einen international strahlenden Sympathieträger und zur klaren Nummer zwei im deutschen Fußball.
Keiner seiner Nachfolger vermochte es, in seine Fußstapfen zu treten. Jürgen Klopp bleibt das Maß aller Dinge. Obwohl es immer mal wieder zu guten Phasen und Erfolgen reichte, konnten ihn weder Thomas Tuchel noch Peter Bosz, Peter Stöger, Lucien Favre, Marco Rose oder Edin Terzic vergessen lassen. Eher waren sie in ihrem oftmals unglücklichen Wirken ein gefundenes Fressen für Karikaturisten. Und natürlich Anlass für Oli Hilbring, ihnen allesamt Knollennasen zu verpassen und in dieser Chronik zu verewigen.

Köln, Kloppo und die Krise ...

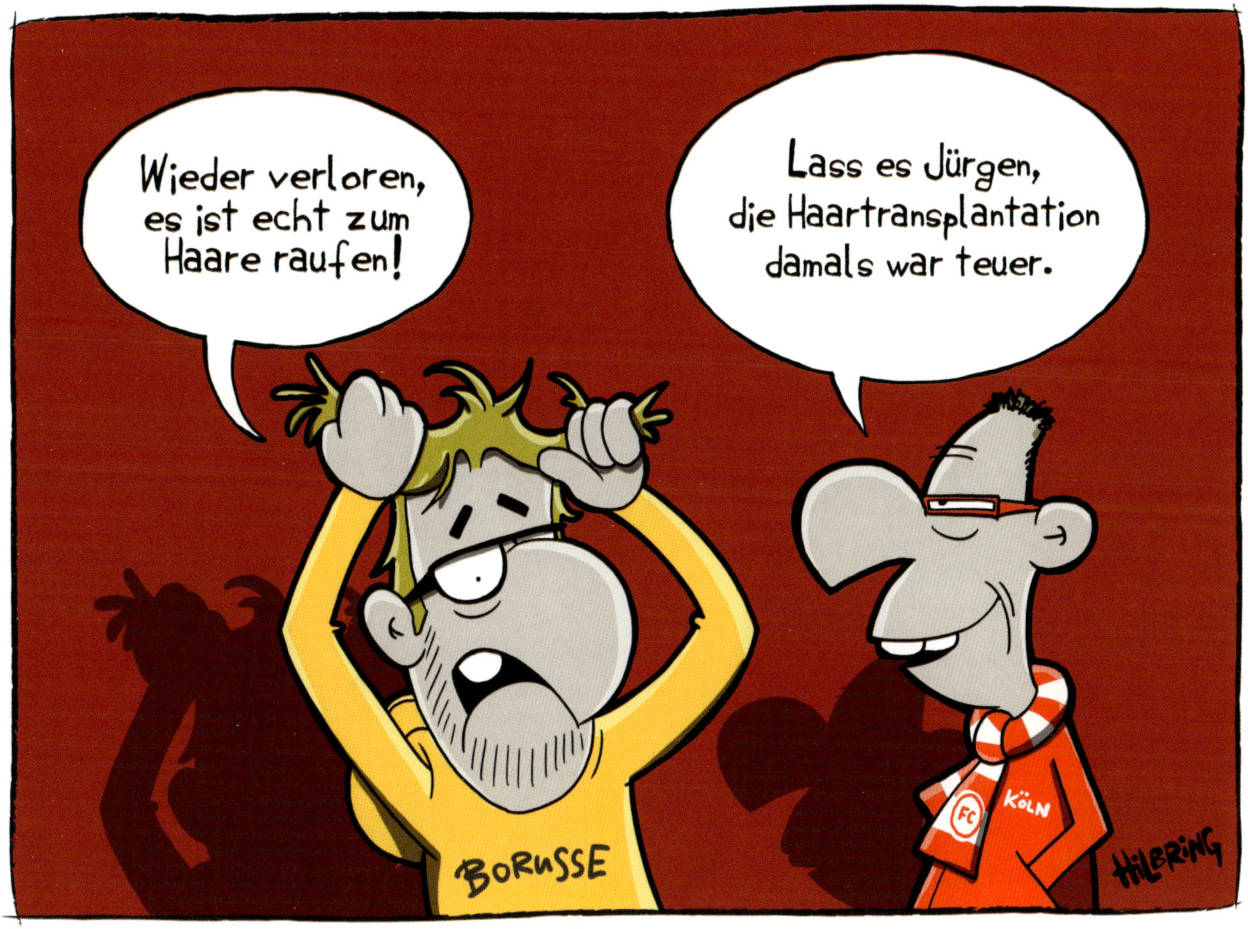
Wieder verloren, es ist echt zum Haare raufen!
Lass es Jürgen, die Haartransplantation damals war teuer.
BORUSSE
FC
KÖLN
HILBRING

Dabei sollte sich der Kölsche Coach selbst noch oft genug auf der BVB-Bank die Haare raufen (2014/15)

Die Augsburger Puppenkiste präsentiert: Jim Klopp und der defensive Gegner.

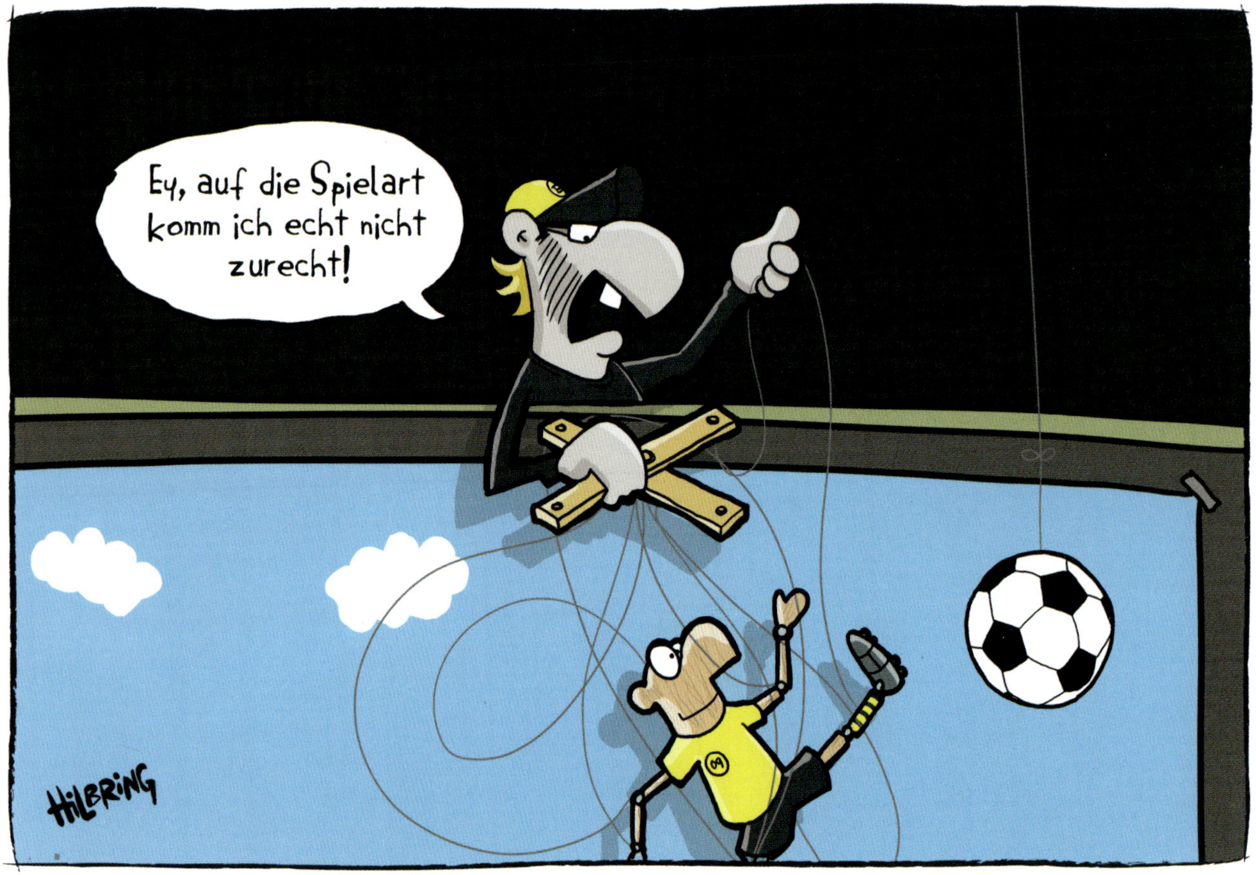
Ey, auf die Spielart komm ich echt nicht zurecht!
HILBRING

Immer nur Ärger mit den „kleinen“ Gegnern (2011/12)

Lucien Favre, ein fürsorglicher Trainer-Kollege ...

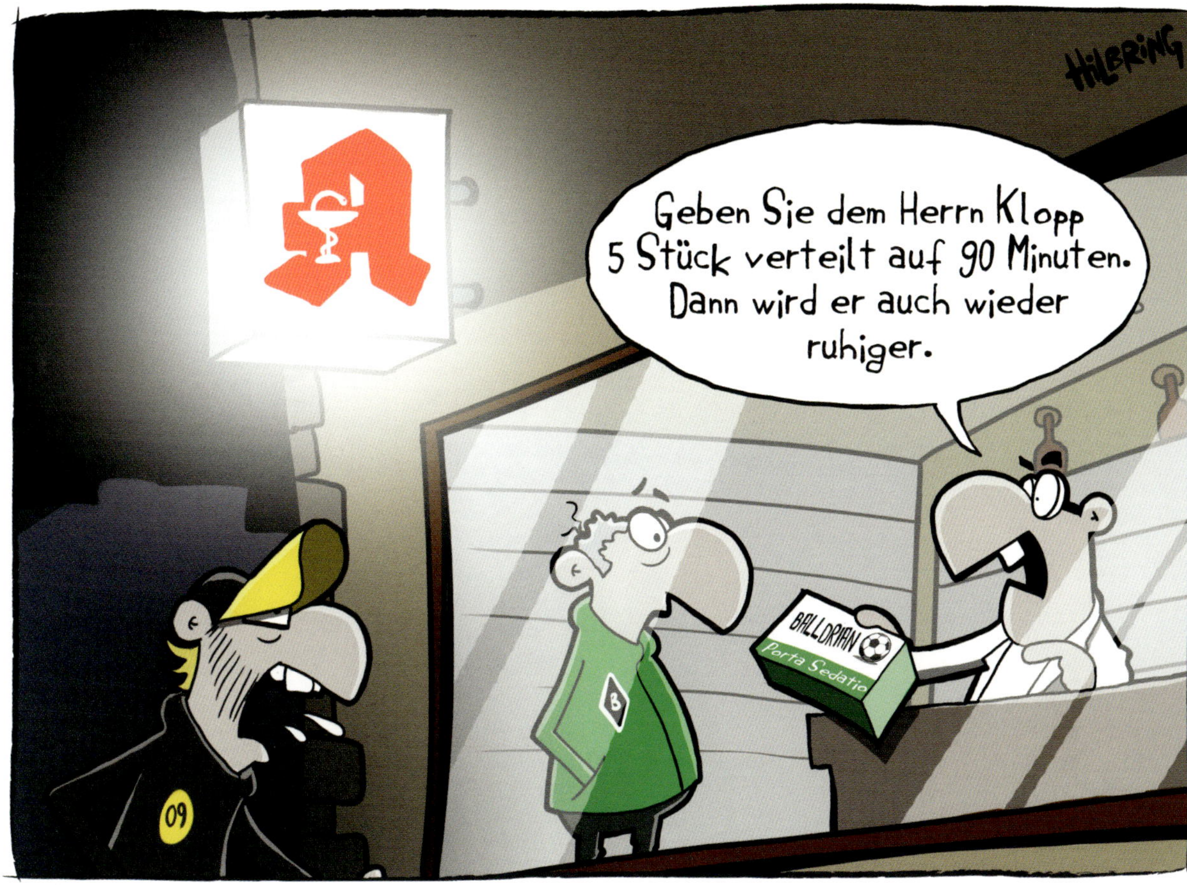
HILBRING
Geben Sie dem Herrn Klopp 5 Stück verteilt auf 90 Minuten. Dann wird er auch wieder ruhiger.
BALLDRIAN
Porta Sedatio
09

Muss man sich Sorgen machen um Kloppo? (2012/13)

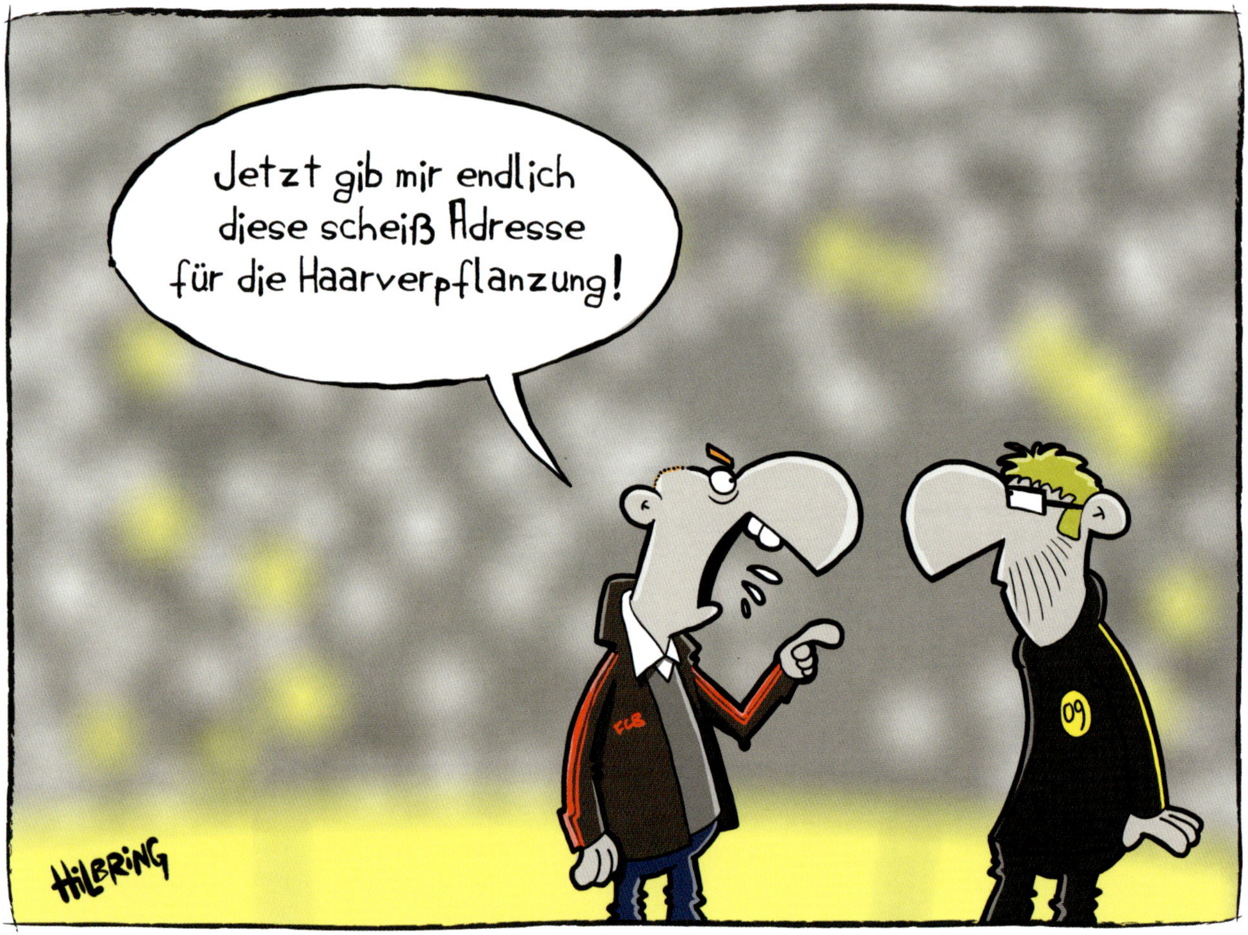
Jetzt gib mir endlich diese scheiß Adresse für die Haarverpflanzung!
FCB
09
HILBRING

Soll man nicht glauben, welche Fachgespräche so Kapazitäten wie Pep und Kloppo miteinander führen. (2012/13)

Pep Guardiola hat ein Auge für Techniker …

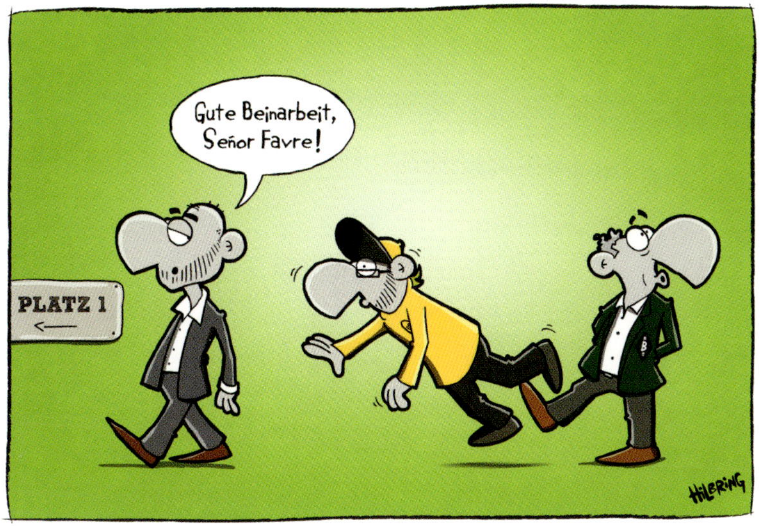
Gute Beinarbeit, Señor Favre!
PLATZ 1
HILBERING

Gerade noch besorgt er ihm Beruhigungstabletten. Und dann lässt er ihn stolpern. (2013/14)

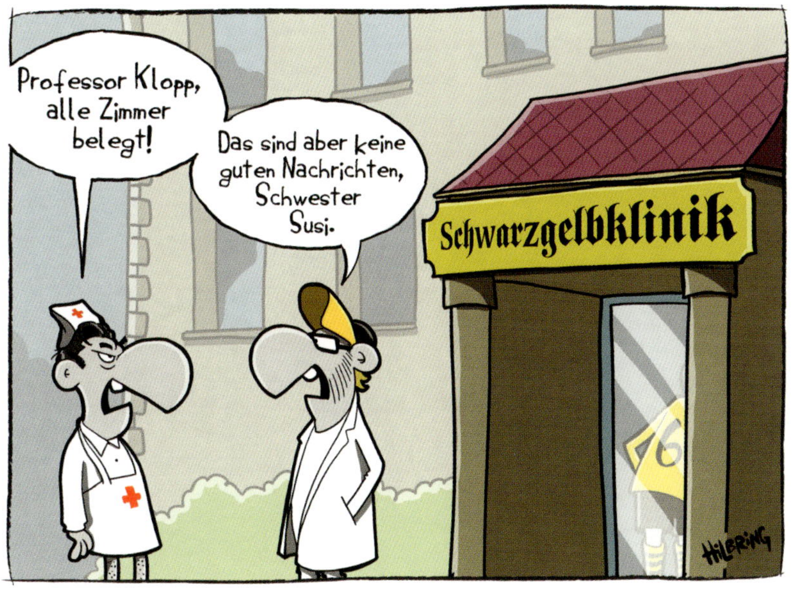
Professor Klopp, alle Zimmer belegt!
Das sind aber keine guten Nachrichten, Schwester Susi.
Schwarzgelbklinik
HILBERING

Und ewig nervt das Verletzungspech. (2013/14)

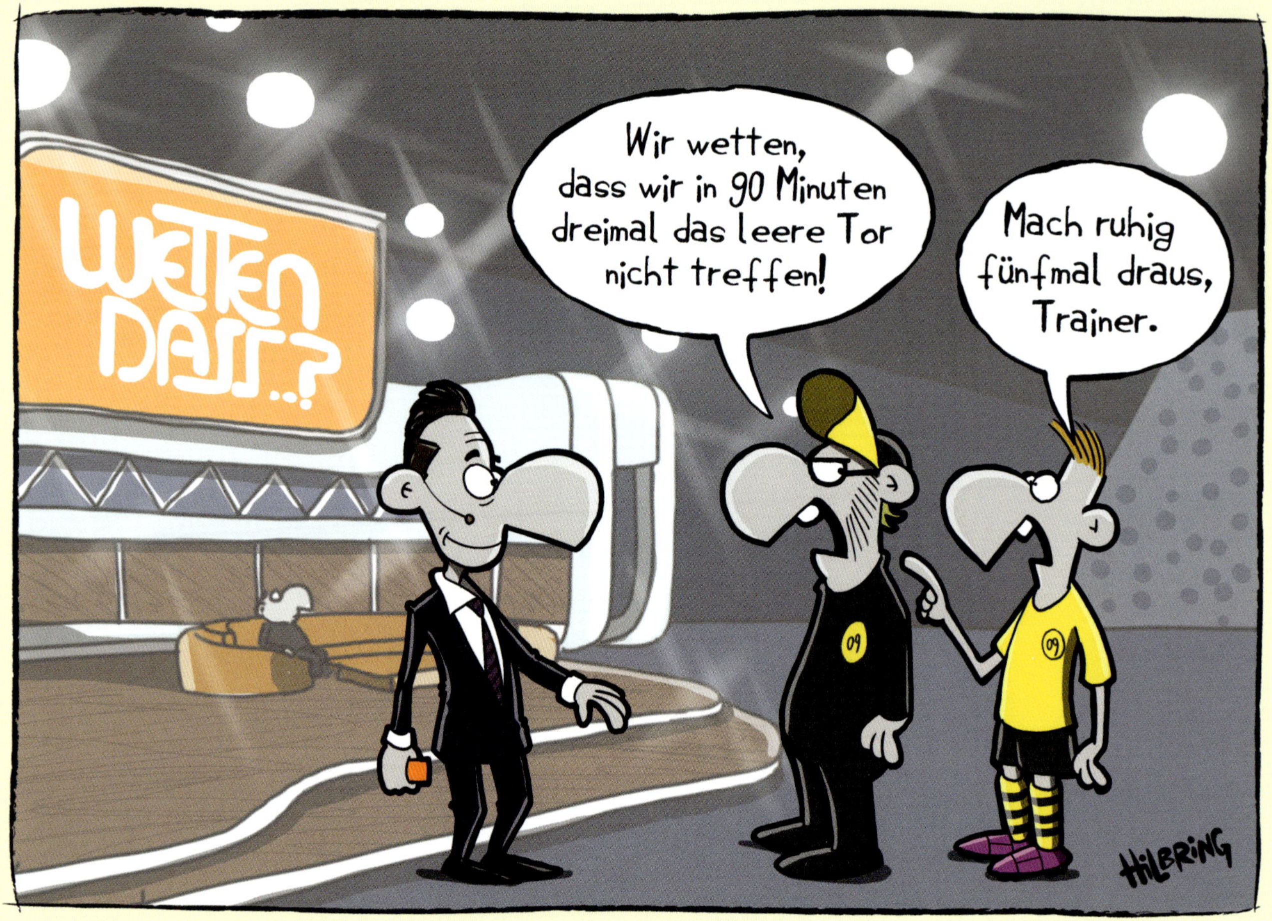
WETTEN DASS..?
Wir wetten, dass wir in 90 Minuten dreimal das leere Tor nicht treffen!
Mach ruhig fünfmal draus, Trainer.
HILBRING

Präsent auch in der ganz großen Samstagabend-Show (2013/14)

Angstgegner HSV: Der Psychologe hilft ...

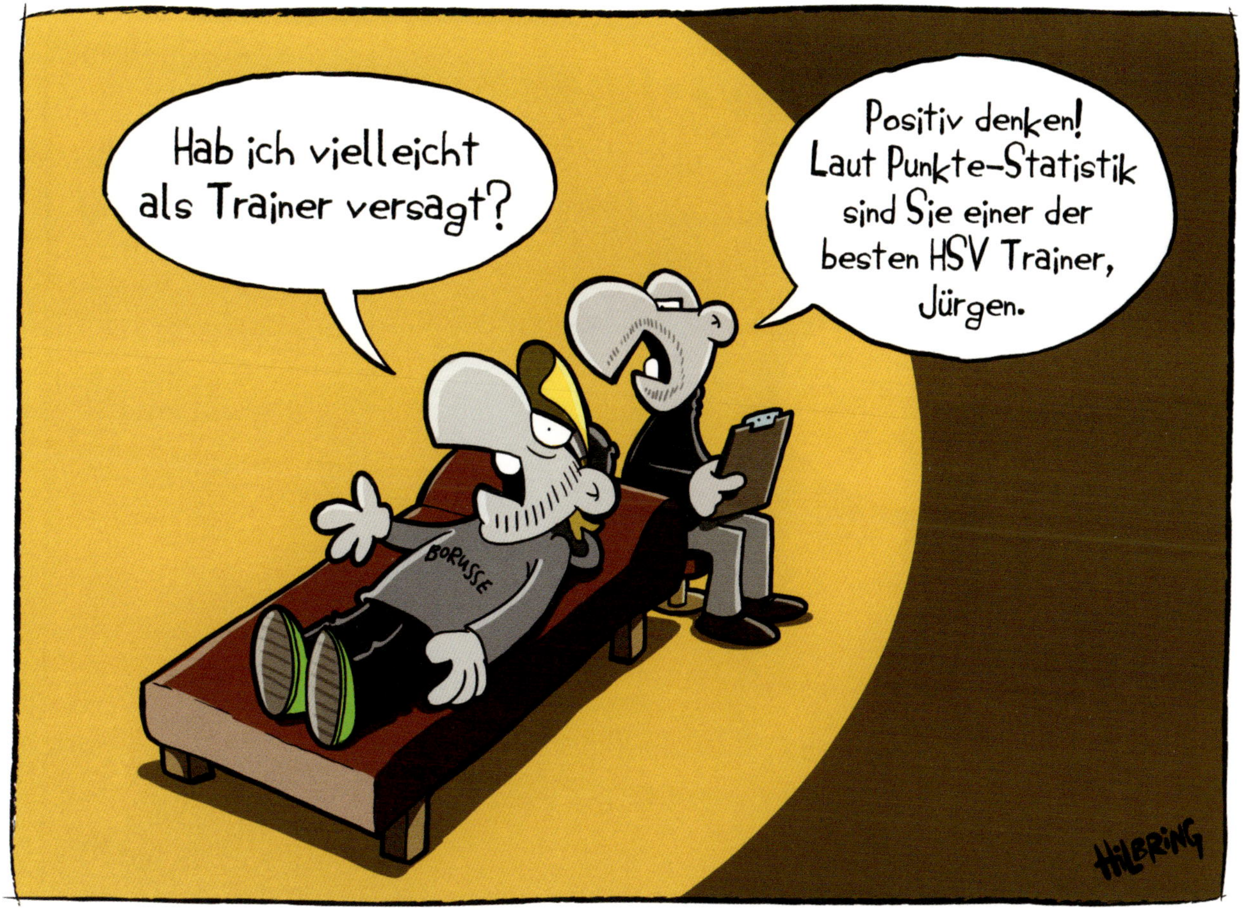
Hab ich vielleicht als Trainer versagt?
Positiv denken! Laut Punkte-Statistik sind Sie einer der besten HSV Trainer, Jürgen.
BORUSSE
HILBRING

Nicht ein einziges Pünktchen gab es in der Saison 14/15 gegen den HSV. Klopp musste auf die Couch. (2014/15)

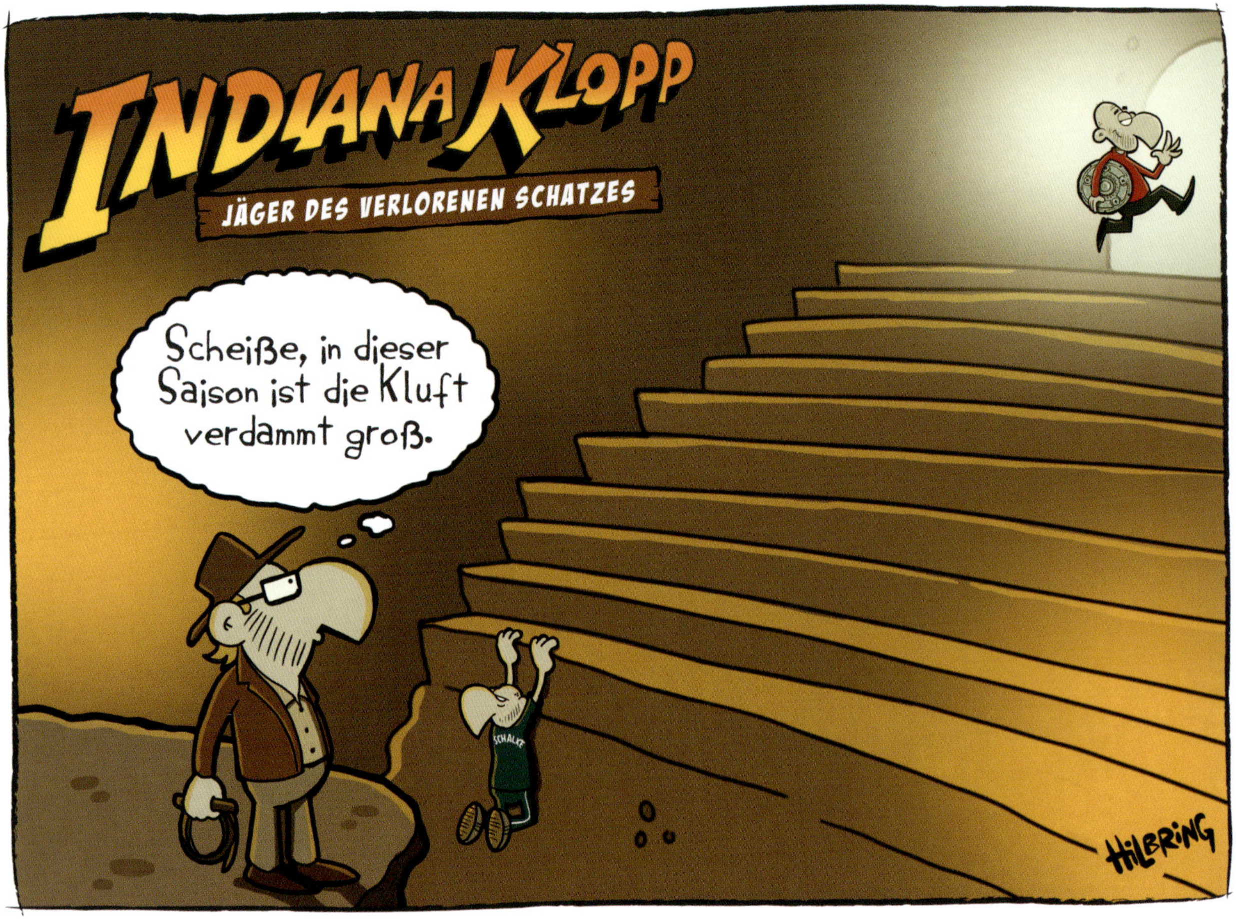
INDIANA KLOPP
JÄGER DES VERLORENEN SCHATZES
Scheiße, in dieser Saison ist die Kluft verdammt groß.
SCHALKE
HILBRING

Im letzten seiner wunderbaren Jahre in Dortmund musste sich Jürgen Klopp mit dem siebten Platz begnügen. Es folgte Thomas Tuchel. (2014/15)

Neulich vor dem Spitzenspiel …

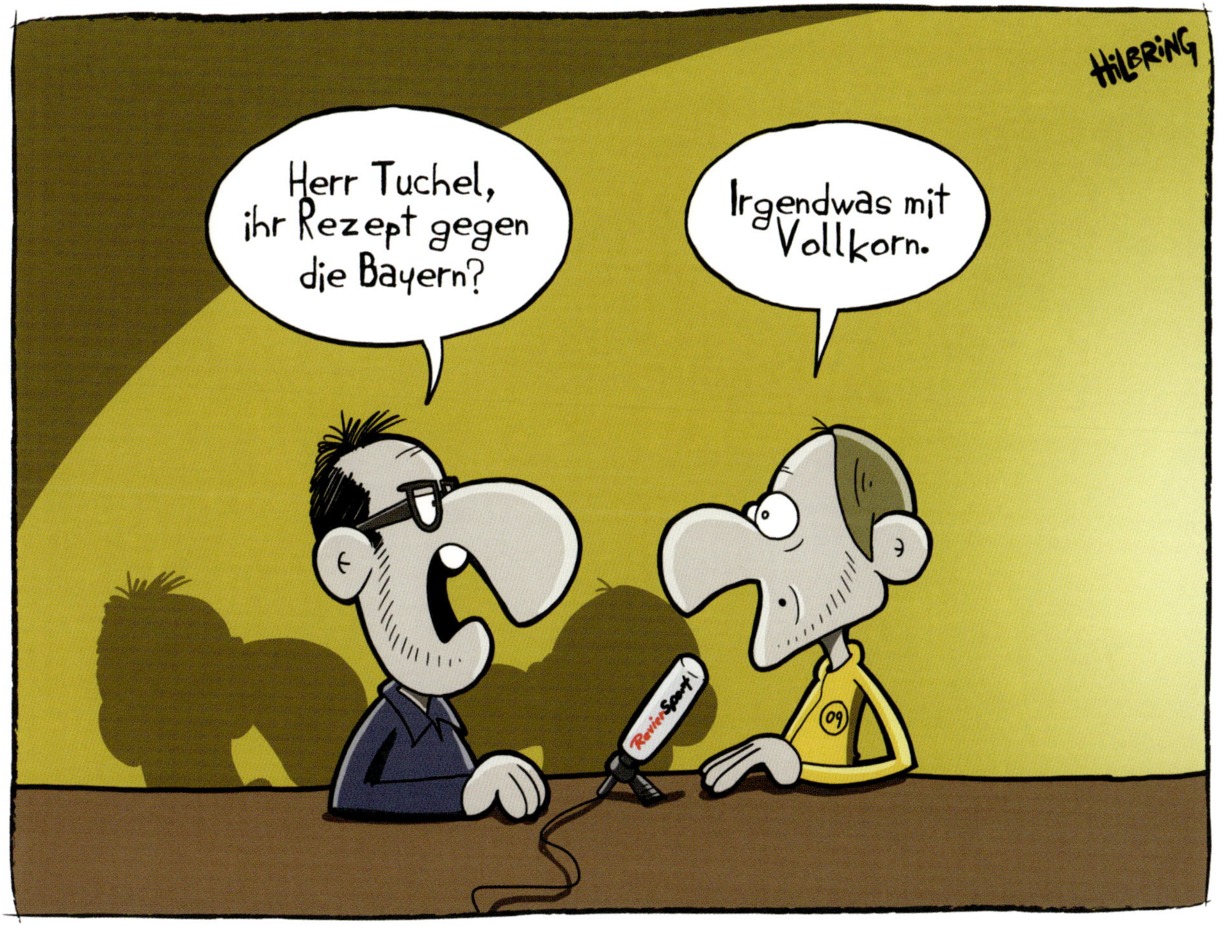
HILBRING
Herr Tuchel, ihr Rezept gegen die Bayern?
Irgendwas mit Vollkorn.
RevierSport
09

Thomas Tuchel hatte schon immer seine eigenen Rezepte … (2015/16)

Bringen sie die Worte in die richtige Reihenfolge:

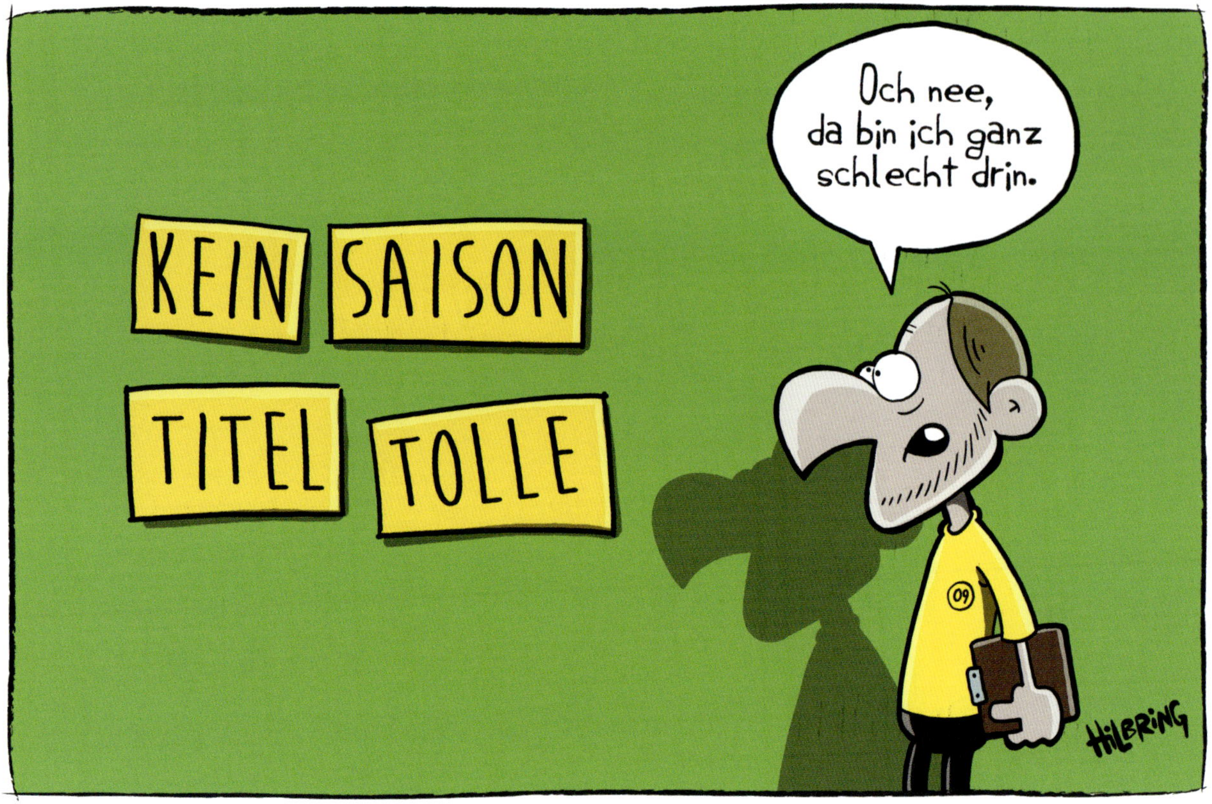
Och nee,
da bin ich ganz
schlecht drin.
KEIN
SAISON
TITEL
TOLLE
HILBRING

... aber manchmal war auch er etwas ratlos. (2015/16)

Statistiken, im modernen Fußball nicht wegzudenken ...

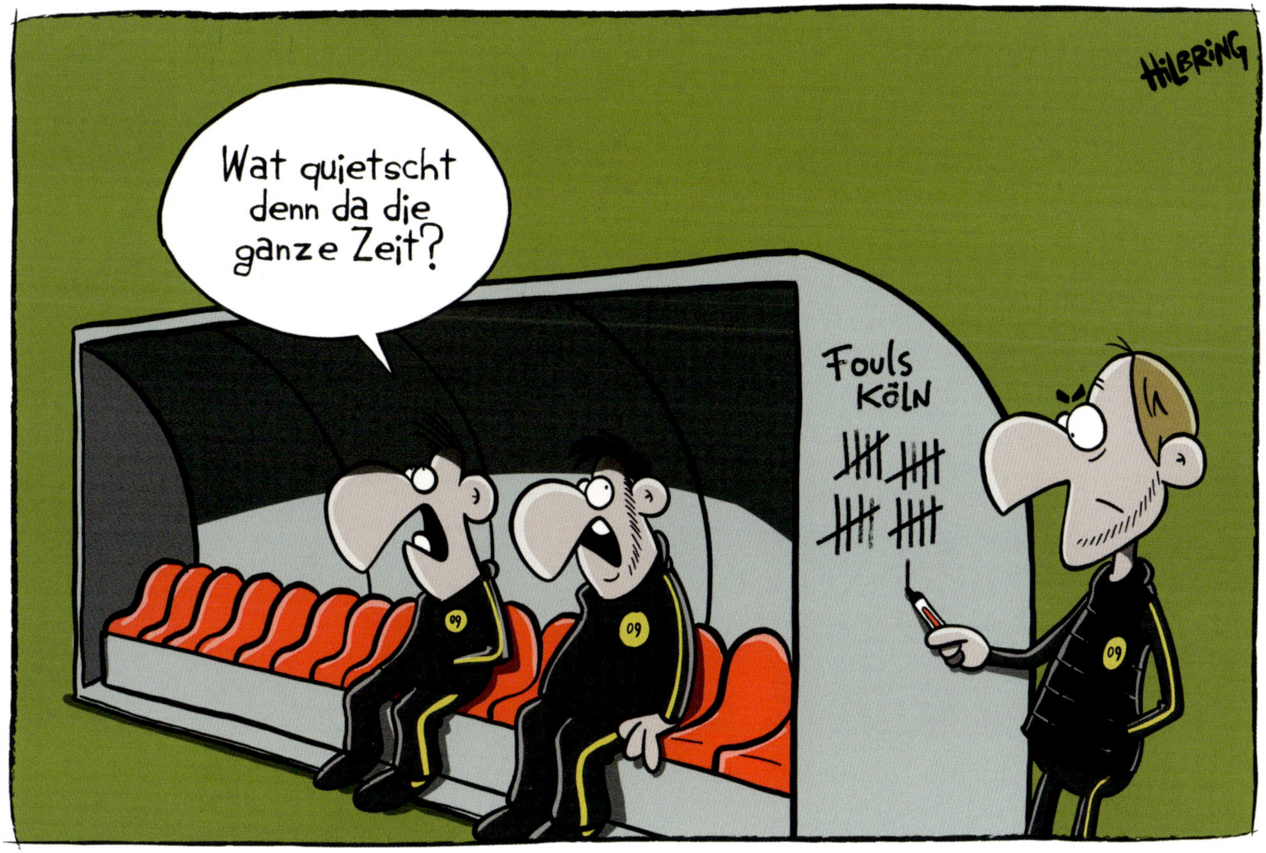
HILBRING
Wat quietscht denn da die ganze Zeit?
FOULS KÖLN

Auf der Trainerbank wurde genau mitgezählt. (2015/16)

Gerade nach Niederlagen erinnert Thomas Tuchel an Dr. Sheldon Cooper …

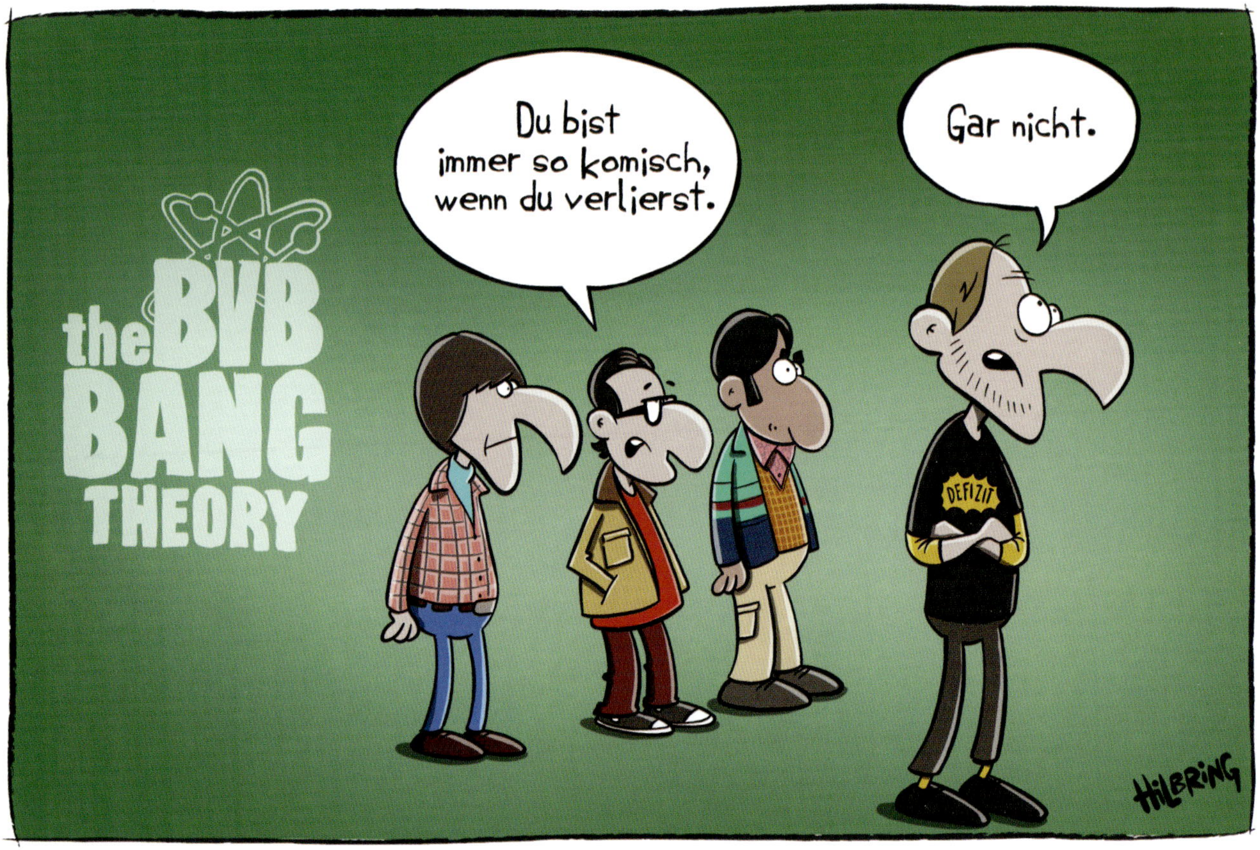

the BVB BANG THEORY
Du bist immer so komisch, wenn du verlierst.
Gar nicht.
DEFIZIT
HILBRING

Beleidigt (2016/17)

Neulich in Dortmund …

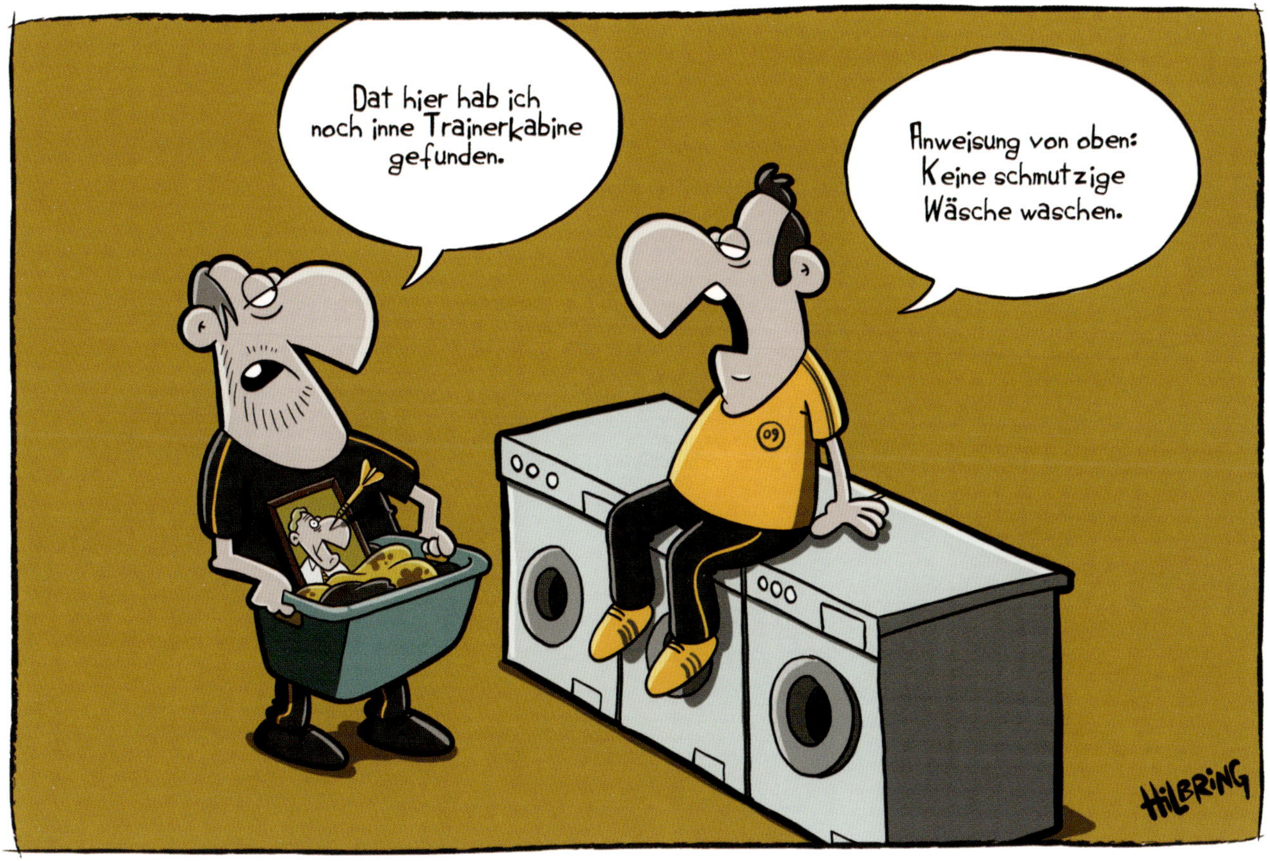
Dat hier hab ich noch inne Trainerkabine gefunden.
Anweisung von oben: Keine schmutzige Wäsche waschen.
HILBRING

Zeugwart ist absolut kein leichter Job. (2016/17)

Nach Siegen ist die Trainerwelt wieder in Ordnung ...

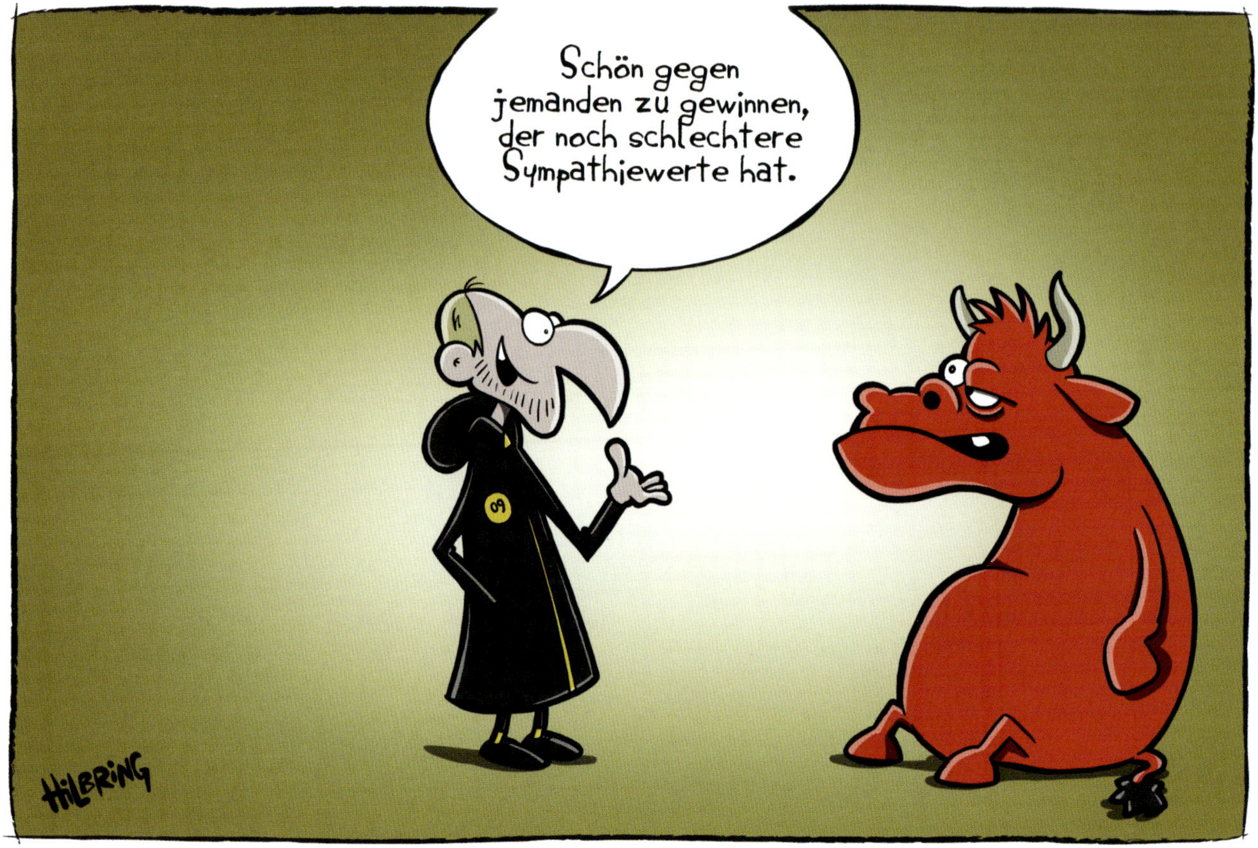
Schön gegen jemanden zu gewinnen, der noch schlechtere Sympathiewerte hat.
HILBRING

Für etwas muss RB Leipzig ja gut sein. (2016/17)

Was viele nicht wissen, Thomas Tuchel hat auch ein Diplom der Betriebswissenschaft …

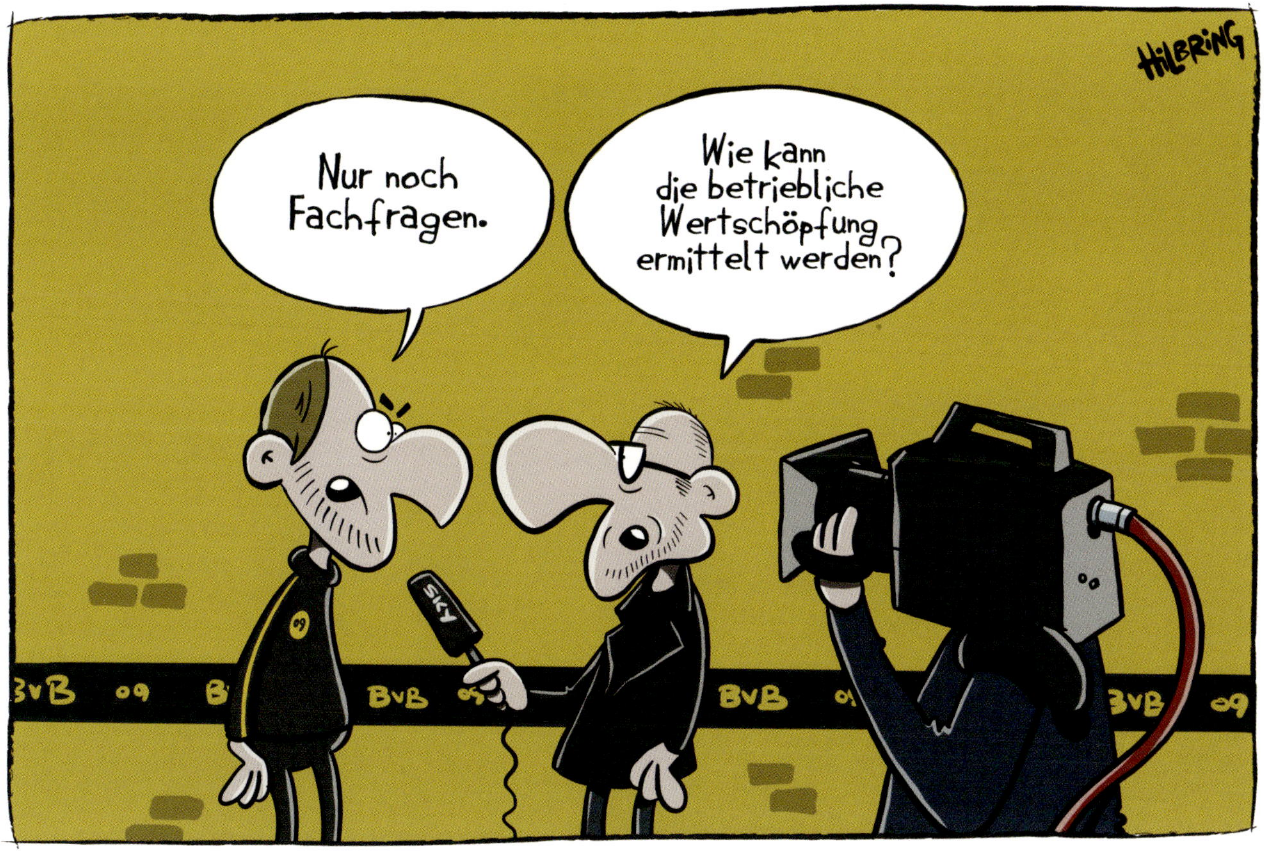
HILBRING
Nur noch Fachfragen.
Wie kann die betriebliche Wertschöpfung ermittelt werden?
BVB 09
sky

Kann er haben. (2016/17)

Neulich in Dortmund ...

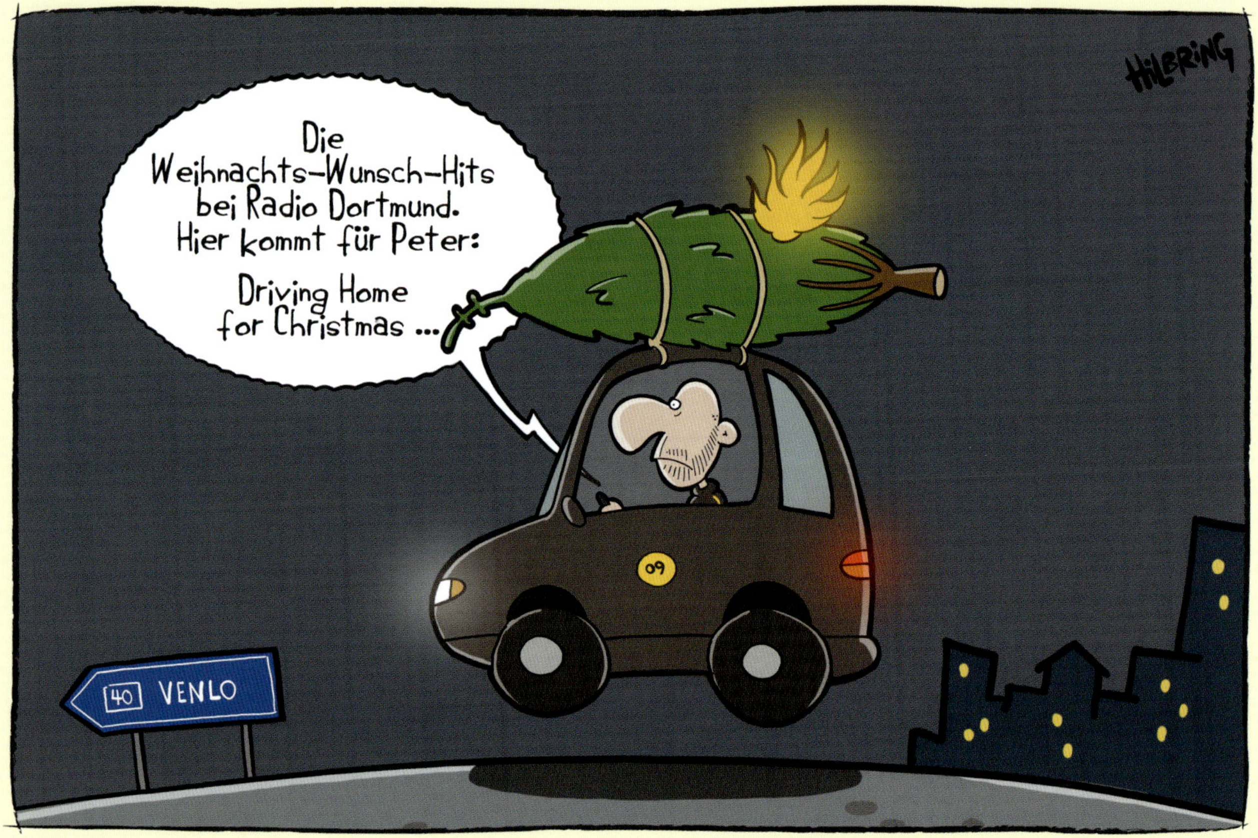
HILBRING
Die Weihnachts-Wunsch-Hits bei Radio Dortmund. Hier kommt für Peter:
Driving Home for Christmas ...
09
40 VENLO

Zurück zu seinen Lieben nach Holland (2017/18)

Favre coacht gegen die TSG per Telefon ...

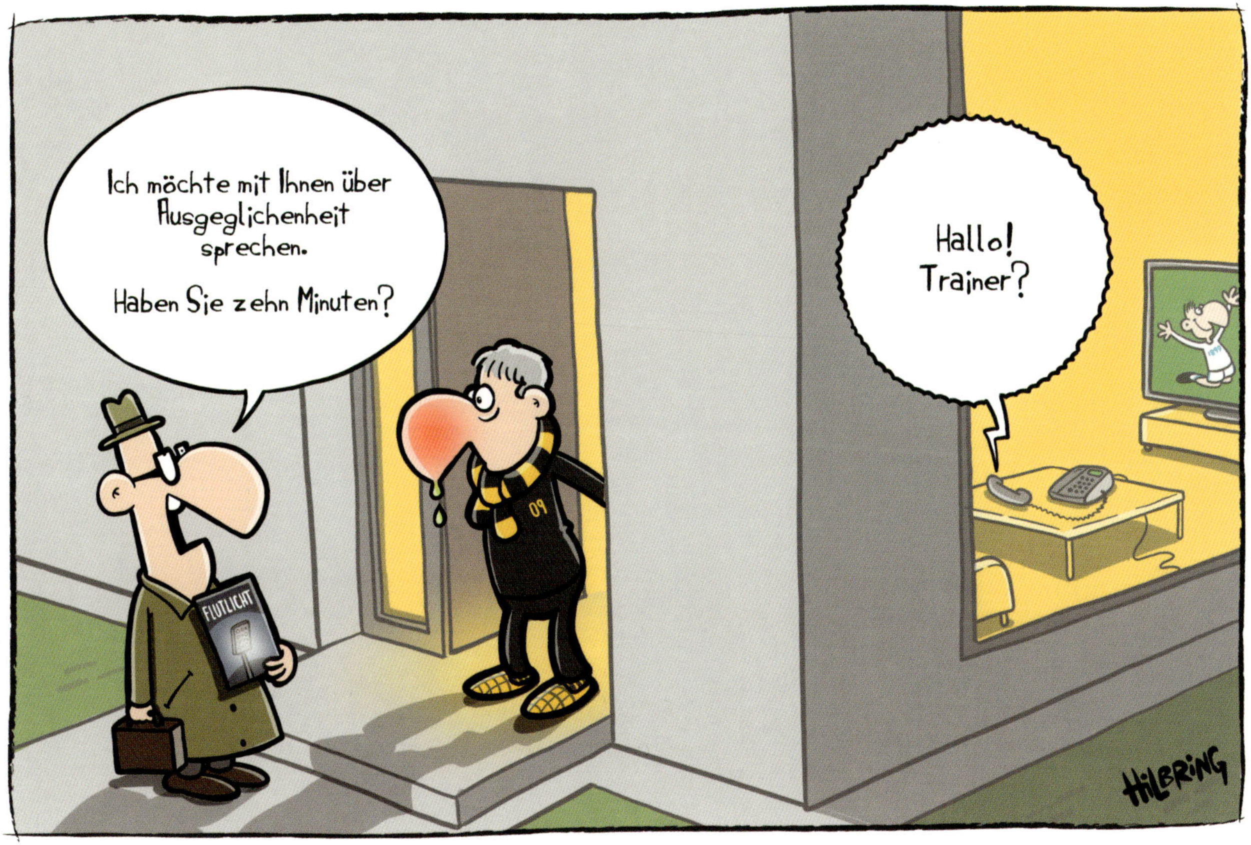
Ich möchte mit Ihnen über Ausgeglichenheit sprechen.
Haben Sie zehn Minuten?
Hallo! Trainer?
FLUTLICHT
09
HILBRING

Hoffenheim bleibt Angstgegner und Lucien Favre gleich zu Hause im Bett. (2018/19)

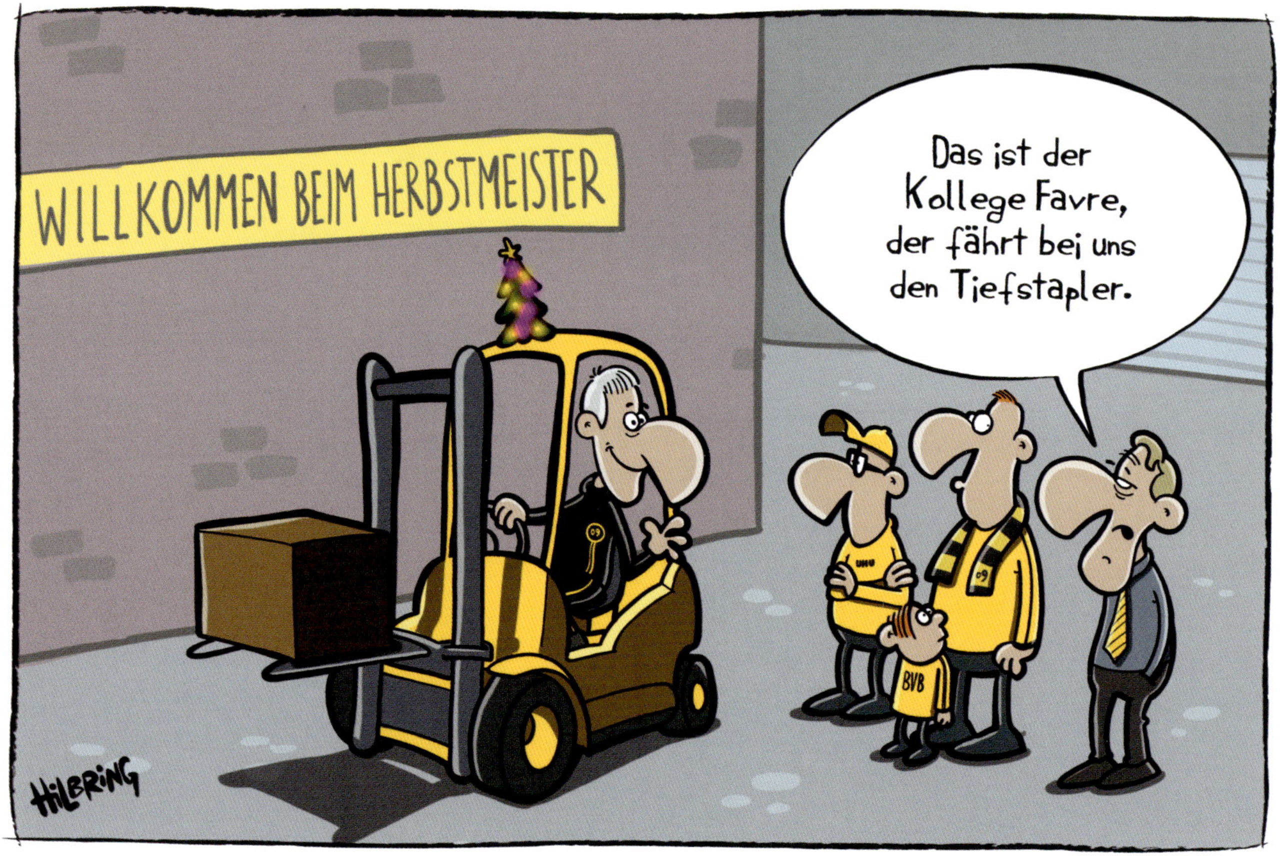
WILLKOMMEN BEIM HERBSTMEISTER
Das ist der Kollege Favre, der fährt bei uns den Tiefstapler.
BVB
HILBRING

War am Ende ja auch nicht ganz falsch ... (2018/19)

Ding Dong, Taxi für Favre ...

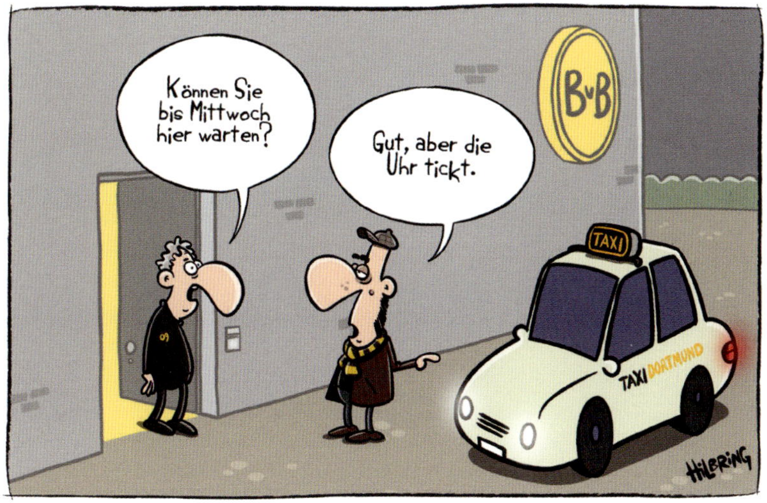
Können Sie bis Mittwoch hier warten?
Gut, aber die Uhr tickt.
BvB
TAXI
TAXI DORTMUND
HILBERING

... aber hat ihm dann doch nichts genützt. (2018/19)

Läuft beim BVB ...

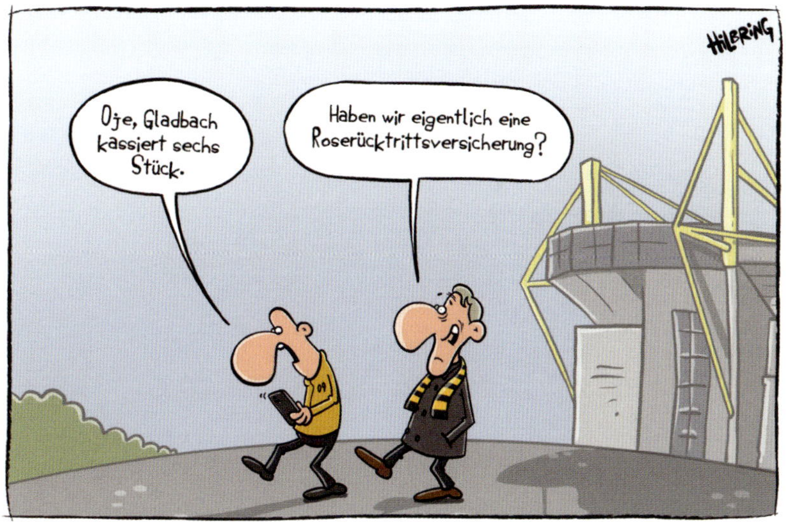
HILBERING
Oje, Gladbach kassiert sechs Stück.
Haben wir eigentlich eine Roserücktrittsversicherung?

Einige ahnten früh, dass das wohl nichts wird. (2020/21)

MUTTA ALLER DERBYS

Die Geschichte von Kain und Abel, übertragen auf den Fußball. Kaum 30 Kilometer trennen ihre prachtvollen Stadien. Nur fünf Jahre liegen ihre Gründungsdaten auseinander. Ihre gleichermaßen riesigen Fangemeinden gründen auf der Arbeiterschaft des Ruhrgebiets. Sie sind beide auf Kohle geboren. Und dennoch, und vielleicht gerade deshalb, hassen sie sich seit einiger Zeit gegenseitig wie die Pest.
Deswegen werden die Spiele gegeneinander, die Revier-Derbys, Jahr für Jahr mit so großer Bedeutung aufgeladen. Eine Woche lang herrscht im Ruhrgebiet Ausnahmezustand, gibt es kaum ein anderes Thema. Dabei erfüllen die Spiele dann die Erwartungen eher seltener. Keine andere Begegnung zwischen Vereinen in der gesamten Bundesligageschichte endete öfter 0:0 als die Mutta aller Derbys. Wenn es aber kracht, dann gleich richtig. Dann versauen sie sich in einem Derby gegenseitig den greifbaren Titelgewinn oder treiben sich anderweitig in den Wahnsinn. So etwa, als Schalke in Dortmund nach einem 0:4-Halbzeit-Rückstand noch zu einem 4:4 kommt. Naldo, der Schütze des Ausgleichs in letzter Sekunde, hat seinen Platz in den Derby-Geschichtsbüchern so sicher wie Oli Hilbrings geniale Karikaturen zu diesem Spiel.

Der schlechteste Job nach Derby-Niederlagen!

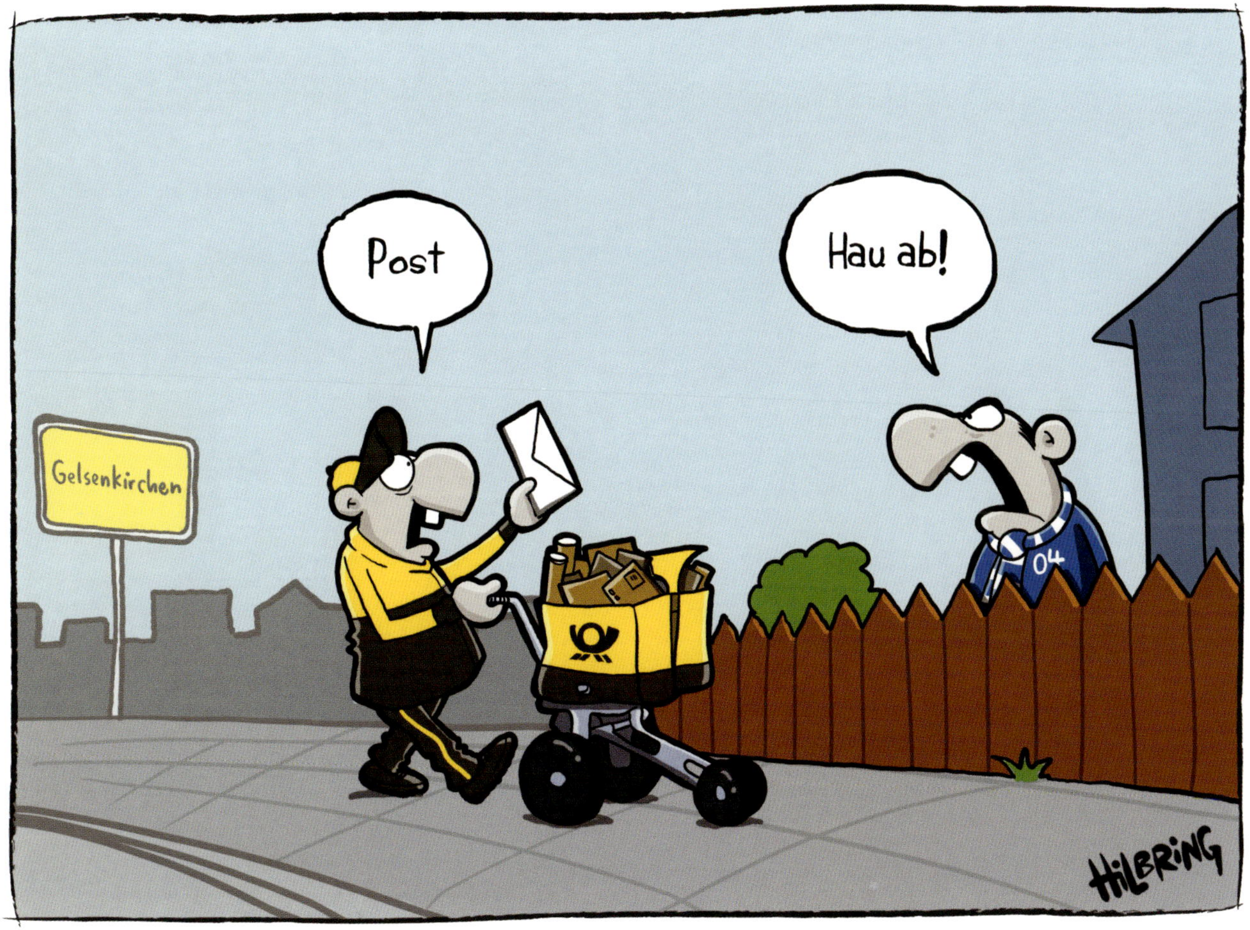

Gelbe haben es in Gelsenkirchen nicht wirklich einfach. (2011/12)

Kein Ausrutscher auf dem Weg zur Meisterschaft!

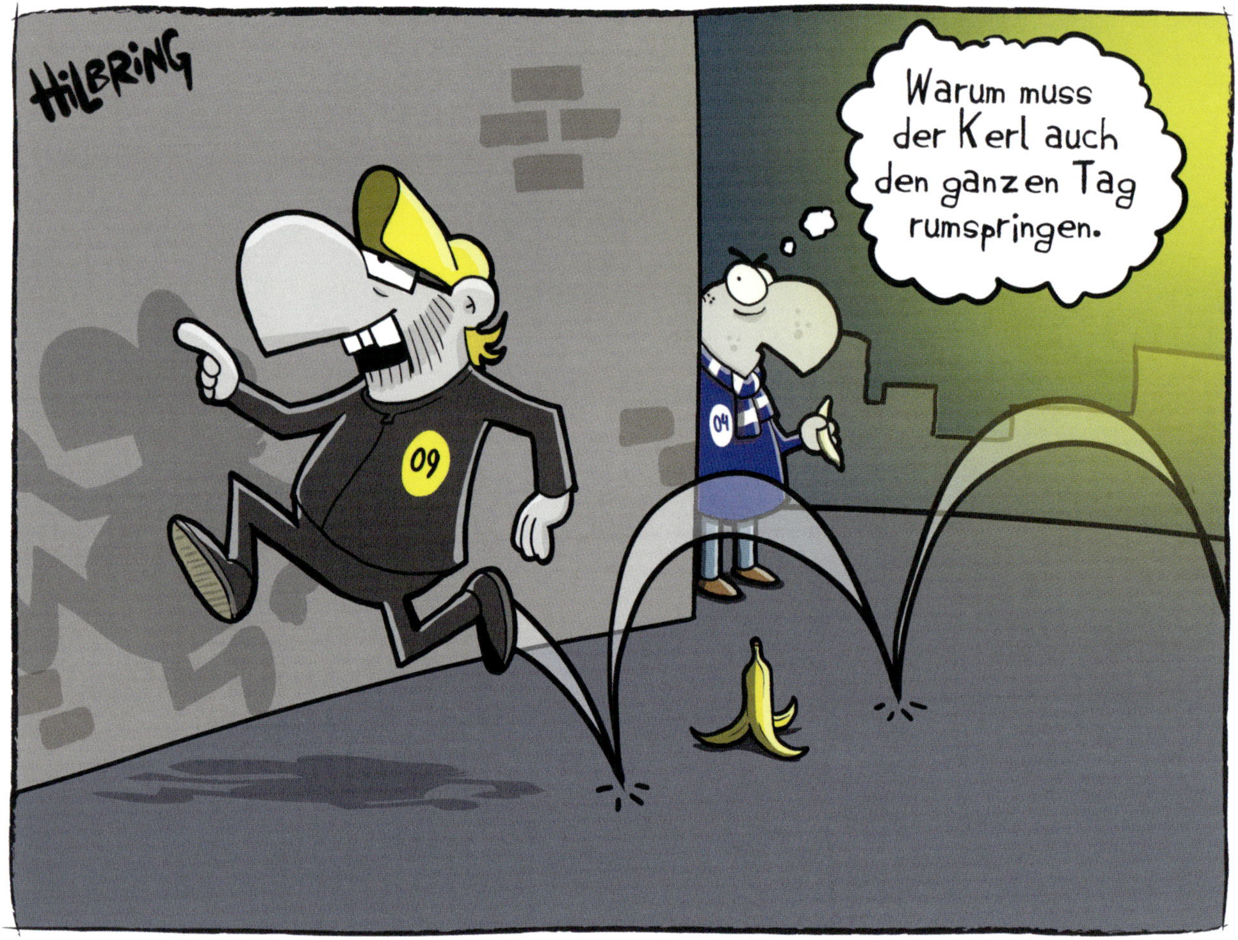
HILBRING
Warum muss der Kerl auch den ganzen Tag rumspringen.
09
04

2007 vermieste Dortmund den Schalkern die Meisterschaft. Umgekehrt gelang das fünf Jahre später nicht. (2011/12)

Sie verzeiht nichts, die Mutter aller Derbys.

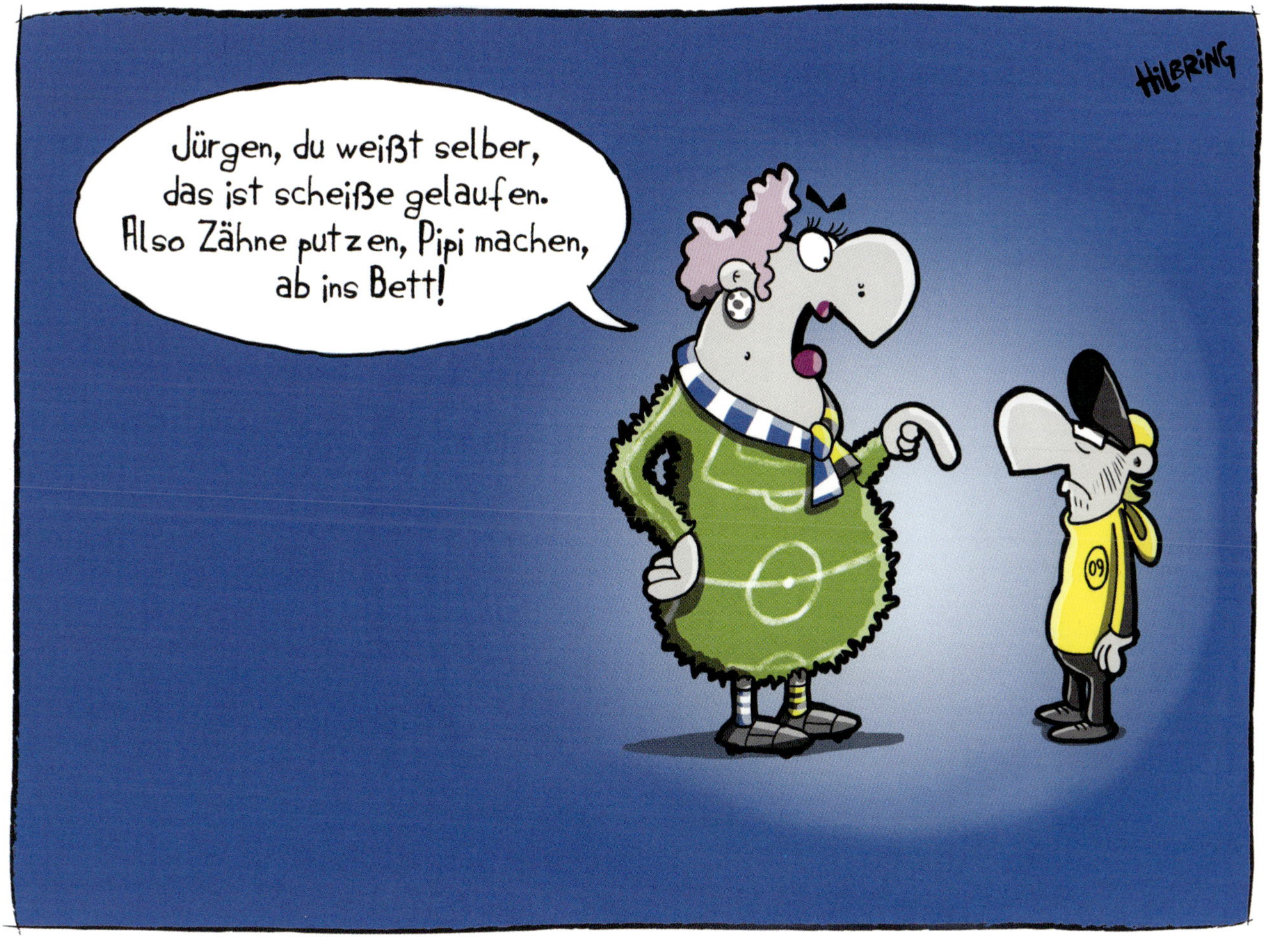
Jürgen, du weißt selber, das ist scheiße gelaufen. Also Zähne putzen, Pipi machen, ab ins Bett!
HILBRING
09

Da ist sie mal zu bestaunen – die Mutta aller Derbys. (2012/13)

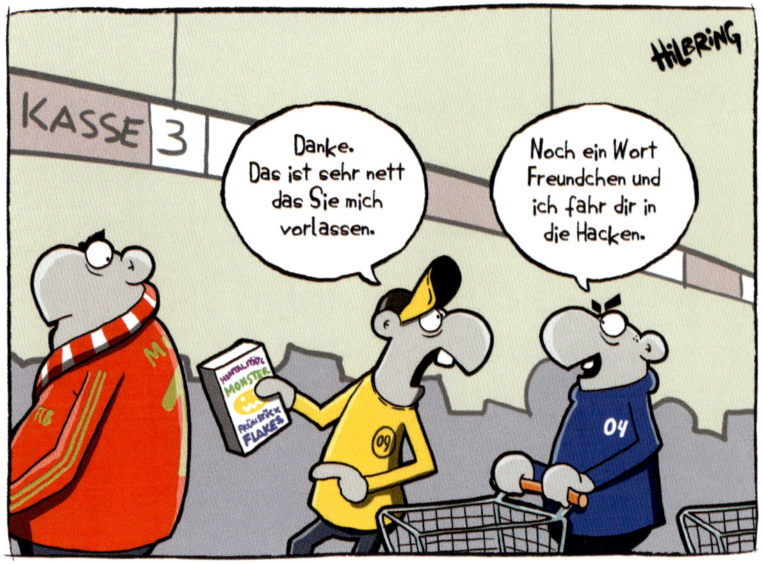
KASSE 3
Danke. Das ist sehr nett das Sie mich vorlassen.
Noch ein Wort Freundchen und ich fahr dir in die Hacken.
MONSTER
FLAKES
04
HILBRING

Neulich an der Kasse ... (2012/13)

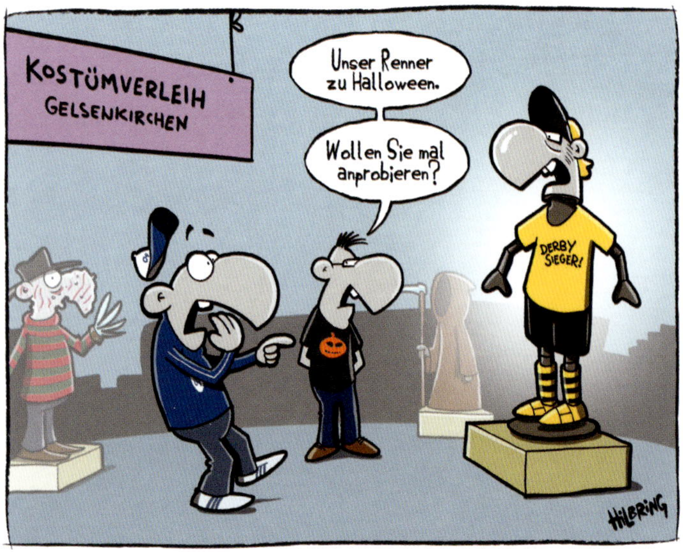
KOSTÜMVERLEIH GELSENKIRCHEN
Unser Renner zu Halloween.
Wollen Sie mal anprobieren?
DERBY SIEGER!
HILBRING

Nach zuvor zwei Derby-Niederlagen am Stück schlägt der BVB an Halloween 2014 zurück und siegt zum Schrecken der Schalker mit 3:1 in der Arena. (2013/14)

Batman und Robin sorgen für Ordnung …

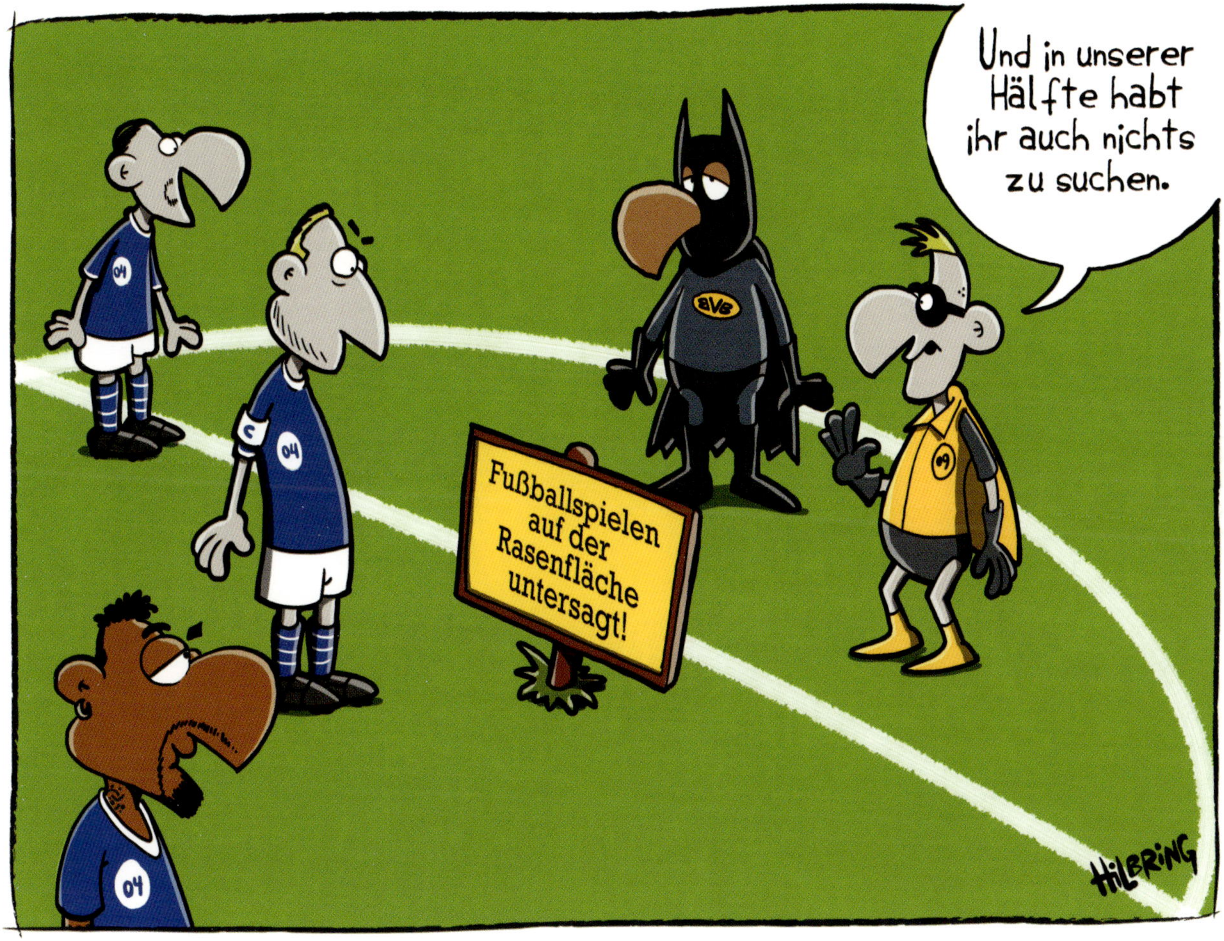
Und in unserer Hälfte habt ihr auch nichts zu suchen.
Fußballspielen auf der Rasenfläche untersagt!
HILBRING

Schalke hielt sich dran und kam beim 0:3 nicht über die Mittellinie. (2014/15)

Neulich nach dem Revier-Derby auf der A40 …

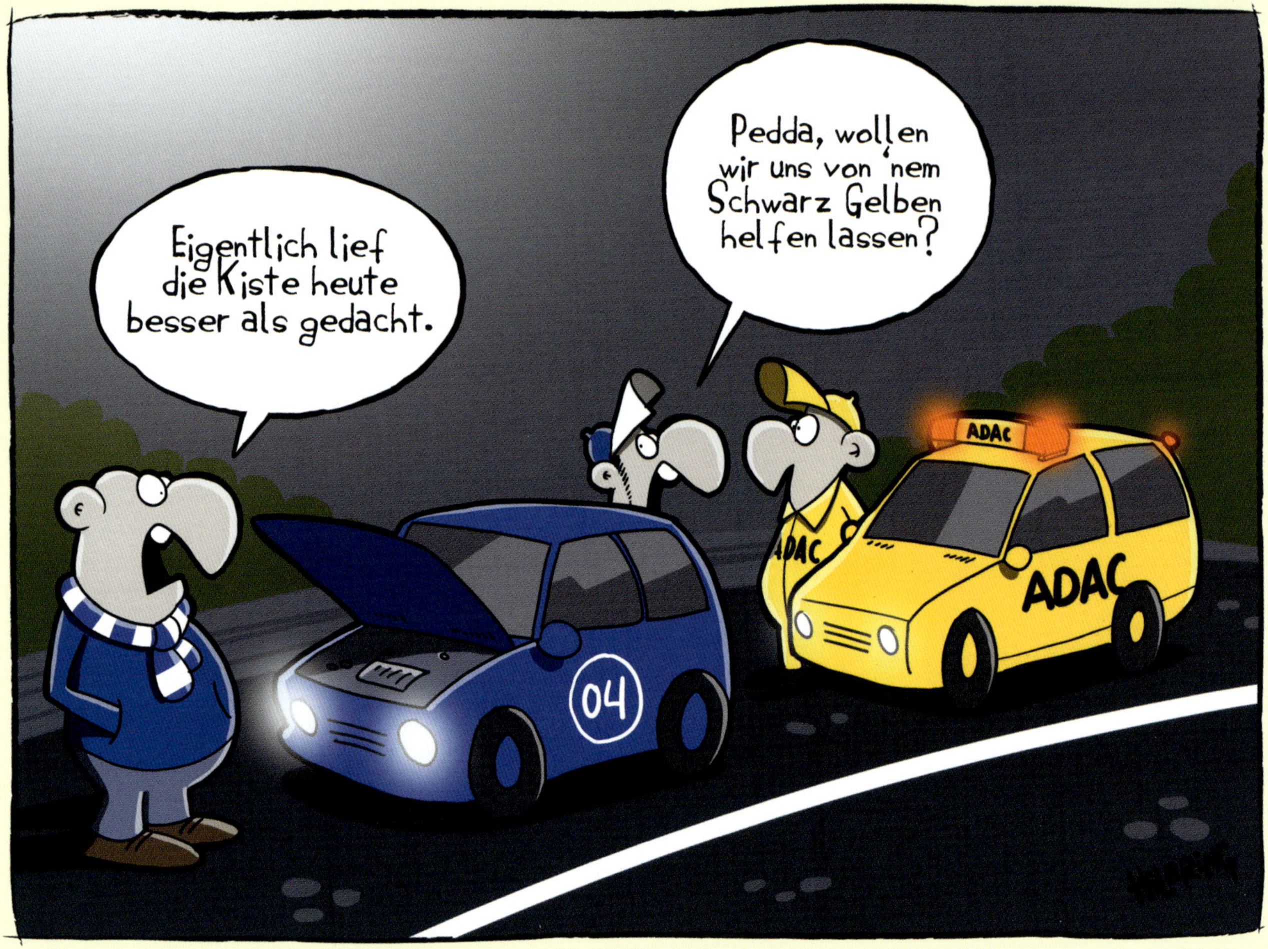
Eigentlich lief die Kiste heute besser als gedacht.
Pedda, wollen wir uns von 'nem Schwarz Gelben helfen lassen?
04
ADAC
ADAC
ADAC

Schalke gewinnt in der Saison 14/15 zu Hause mit 2:1, Borussia repariert den Schaden mit einem 3:0 im Rückspiel. (2014/15)

Derby-Demenz

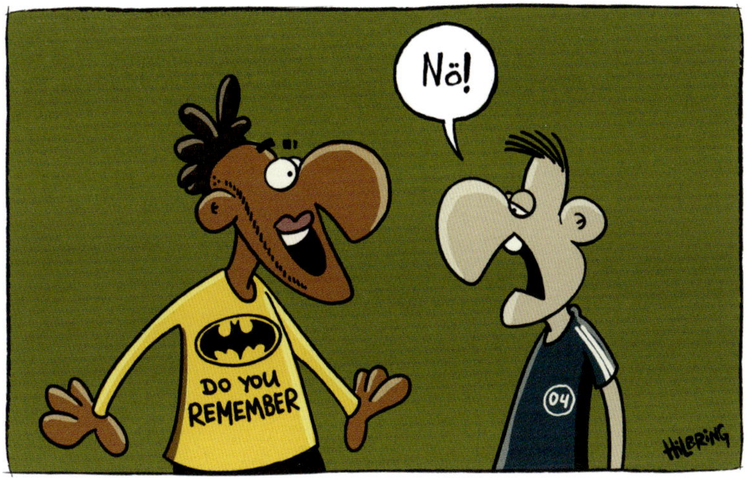
Nö!
DO YOU REMEMBER
HILBRING

Psycho-Spiele zwecklos (2014/15)

Grippewelle in Deutschland, nur nicht im Pott …

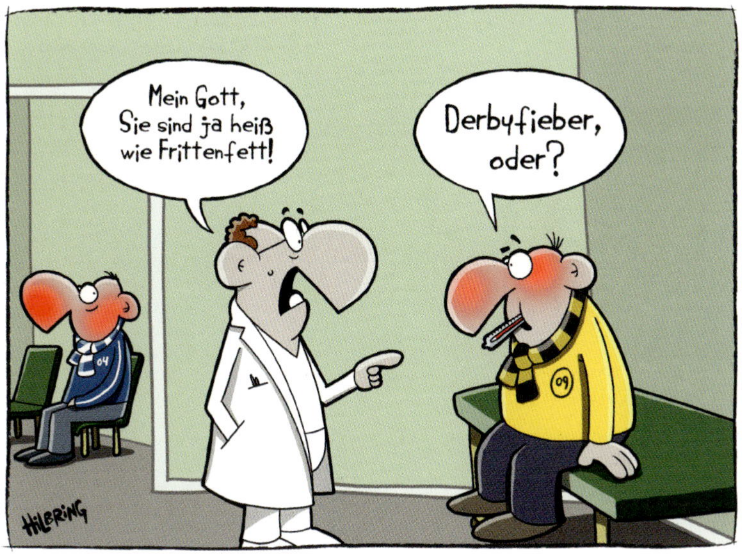
Mein Gott,
Sie sind ja heiß
wie Frittenfett!
Derbyfieber,
oder?
HILBRING

Es gibt schon noch was anderes als Corona und Grippe. (2014/15)

Derby! Das erste Mal für Tuchel und Breitenreiter …

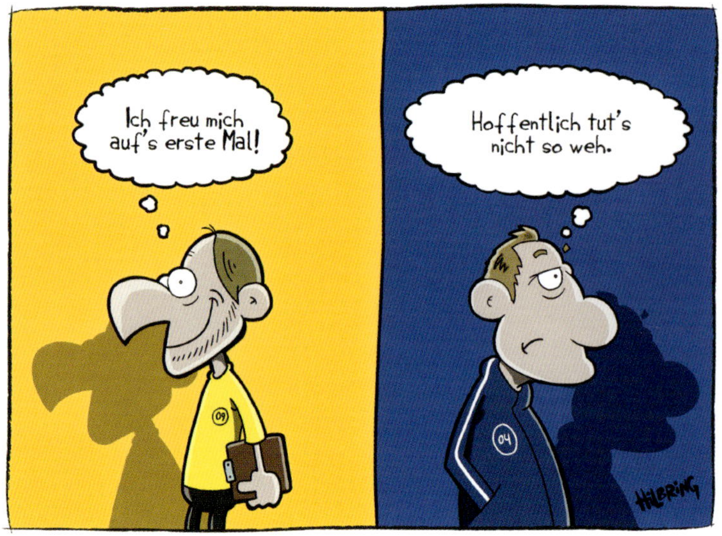

Ich freu mich auf's erste Mal!
Hoffentlich tut's nicht so weh.
HILBRING

Unterschiedliche Herangehensweisen an das erste Mal (2015/16)

Derby auf Augenhöhe

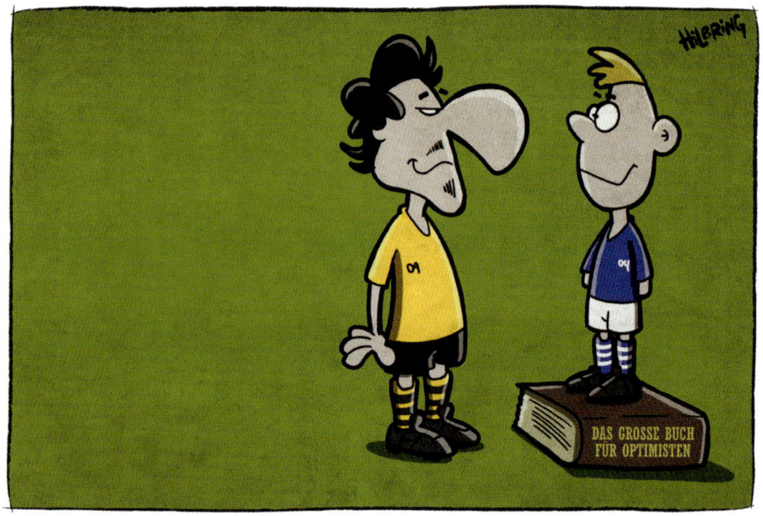

HILBRING
DAS GROSSE BUCH FÜR OPTIMISTEN

Augenhöhe ist schon eine Weile her. (2015/16)

Die Mutter aller Derbys schickt Batman in Rente …

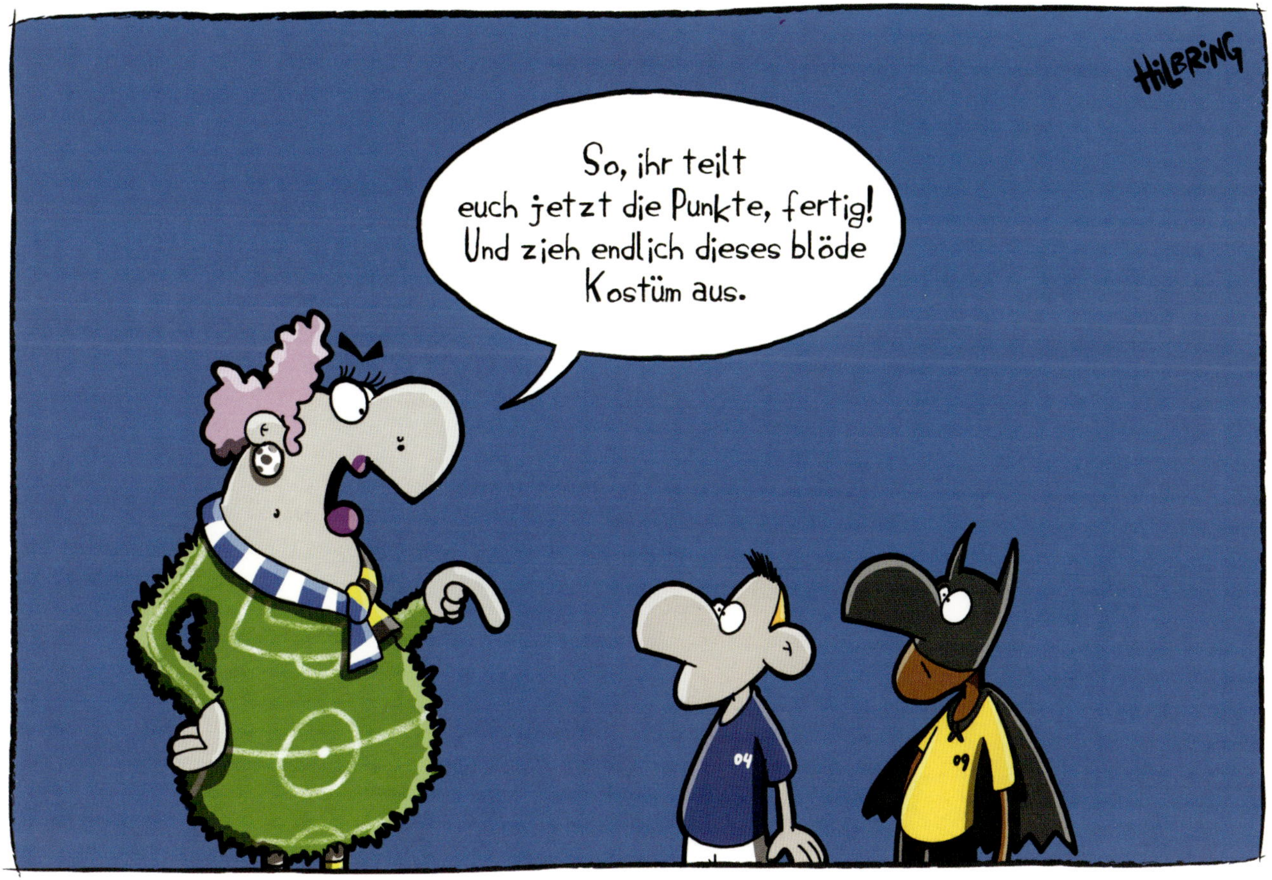
HILBRING
So, ihr teilt euch jetzt die Punkte, fertig! Und zieh endlich dieses blöde Kostüm aus.
04
09

Gut, dass die Derby-Mutta auch mal durchgreift. (2015/16)

In der derzeitigen Situation ist man sich im Pott einig ...

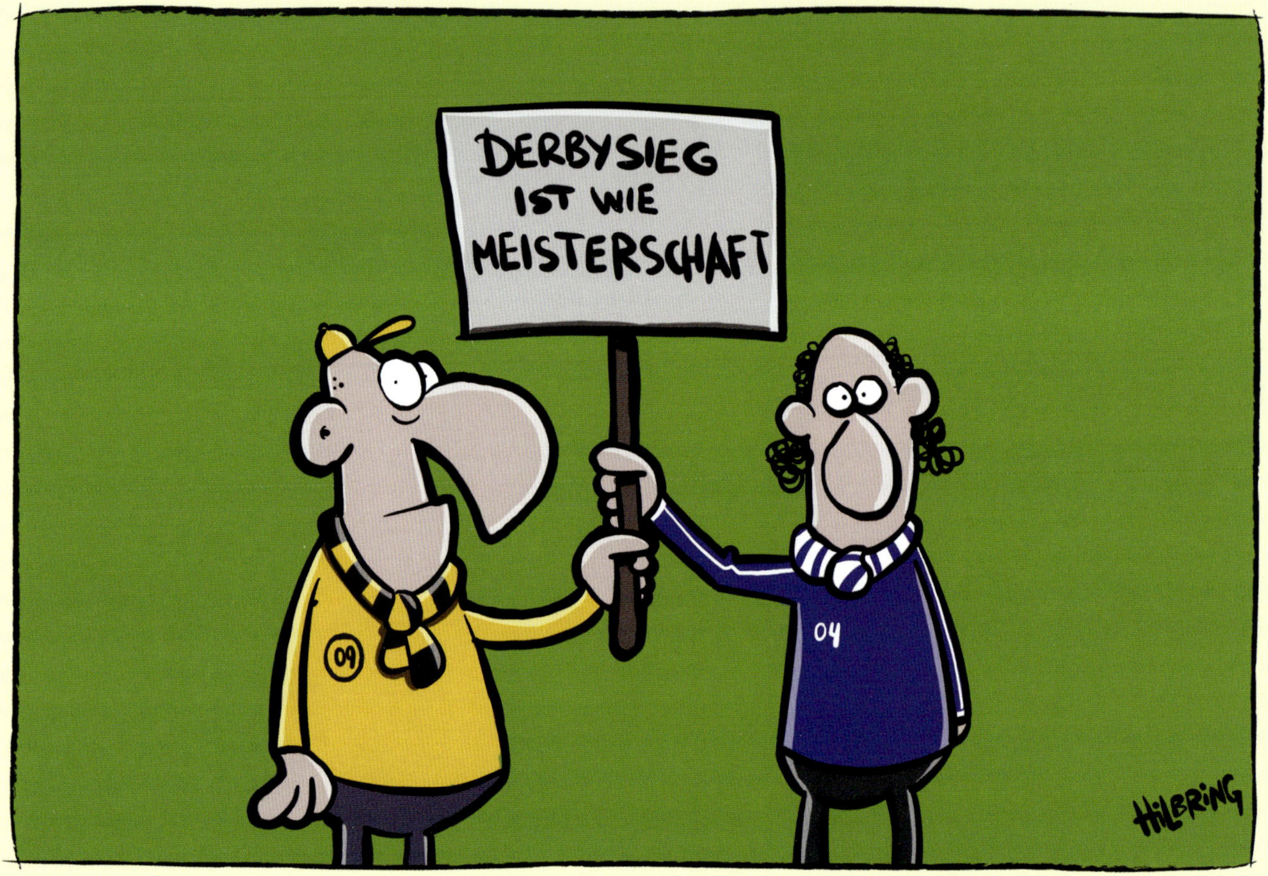
DERBYSIEG
IST WIE
MEISTERSCHAFT
09
04
HILBRING

Einig (2016/17)

Neulich beim Revier-Derby …

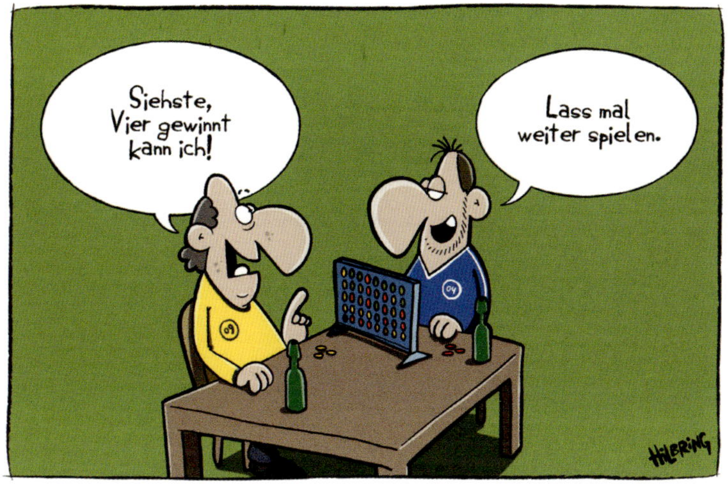
Siehste,
Vier gewinnt
kann ich!
Lass mal
weiter spielen.

Da entstand mal richtig echte Liebe, als man lieber bis zum Ende spielen sollte. (2017/18)

Neulich nach dem Derby …

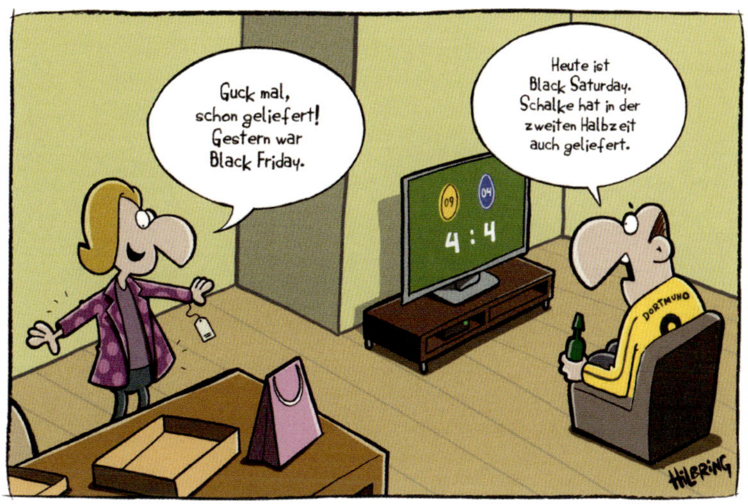
Guck mal,
schon geliefert!
Gestern war
Black Friday.
Heute ist
Black Saturday.
Schalke hat in der
zweiten Halbzeit
auch geliefert.
4 : 4
DORTMUND

Nach den Derbys sollte der BVB ihn länger in Erinnerung behalten ...

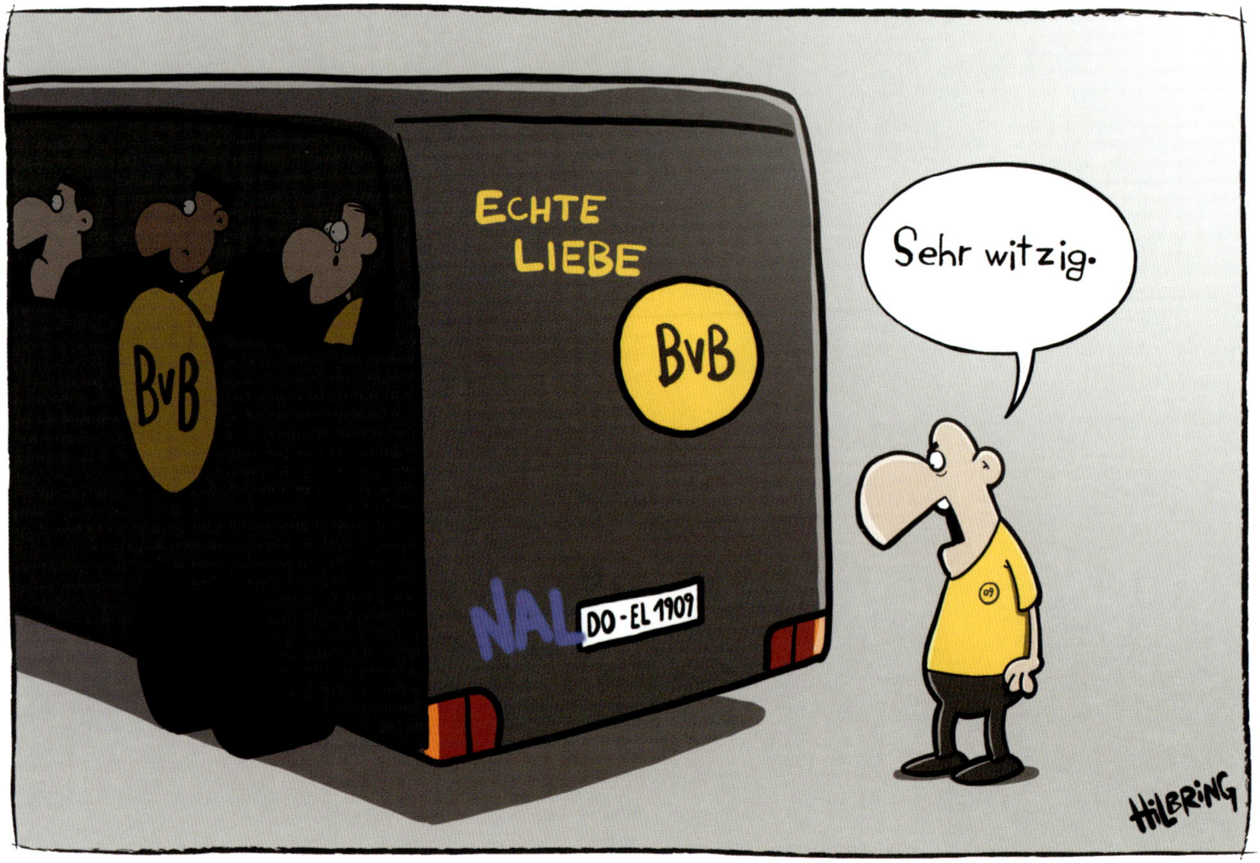

Diese Nummer vergisst man so schnell nicht. (2017/18)

Konnte doch niemand mit rechnen:
Malocher kommen zum Termin und arbeiten …

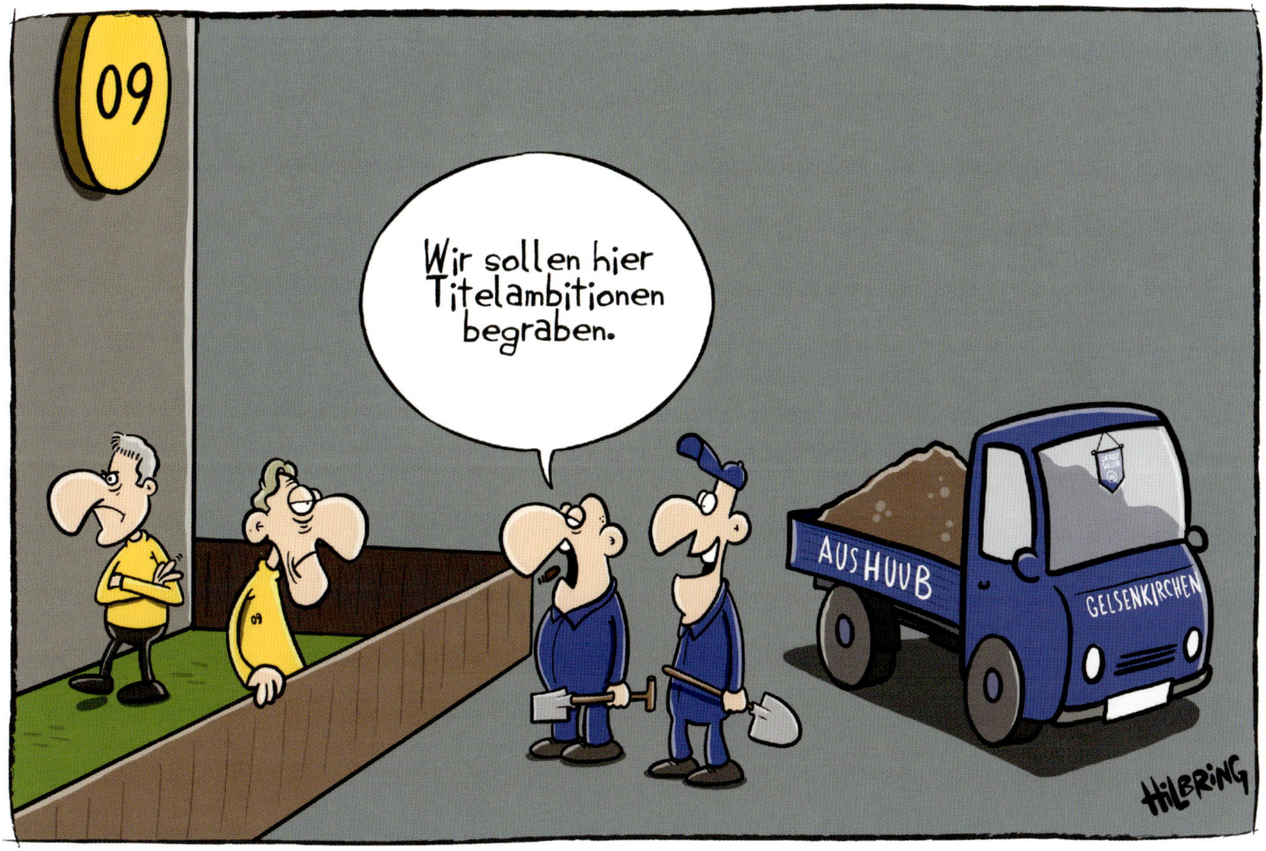
09
Wir sollen hier Titelambitionen begraben.
AUSHUUB
GELSENKIRCHEN
HILBRING

Kleine Rache für 2007. Jetzt versaut Schalke dem BVB die Meisterschaft … (2018/19)

Verwechslungsgefahr

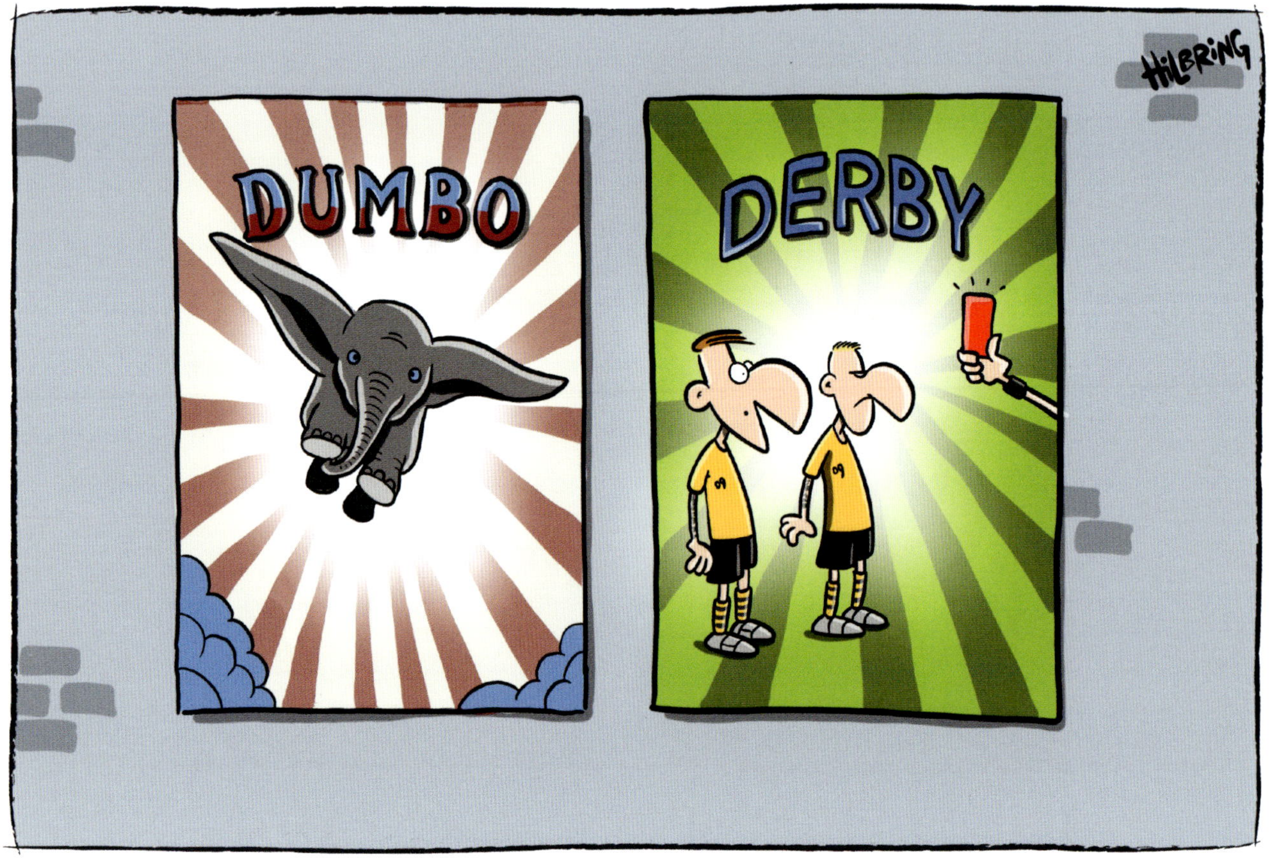

... auch weil gleich zwei Dortmunder vom Platz fliegen. (2018/19)

Auf dem Weg zum Derby …

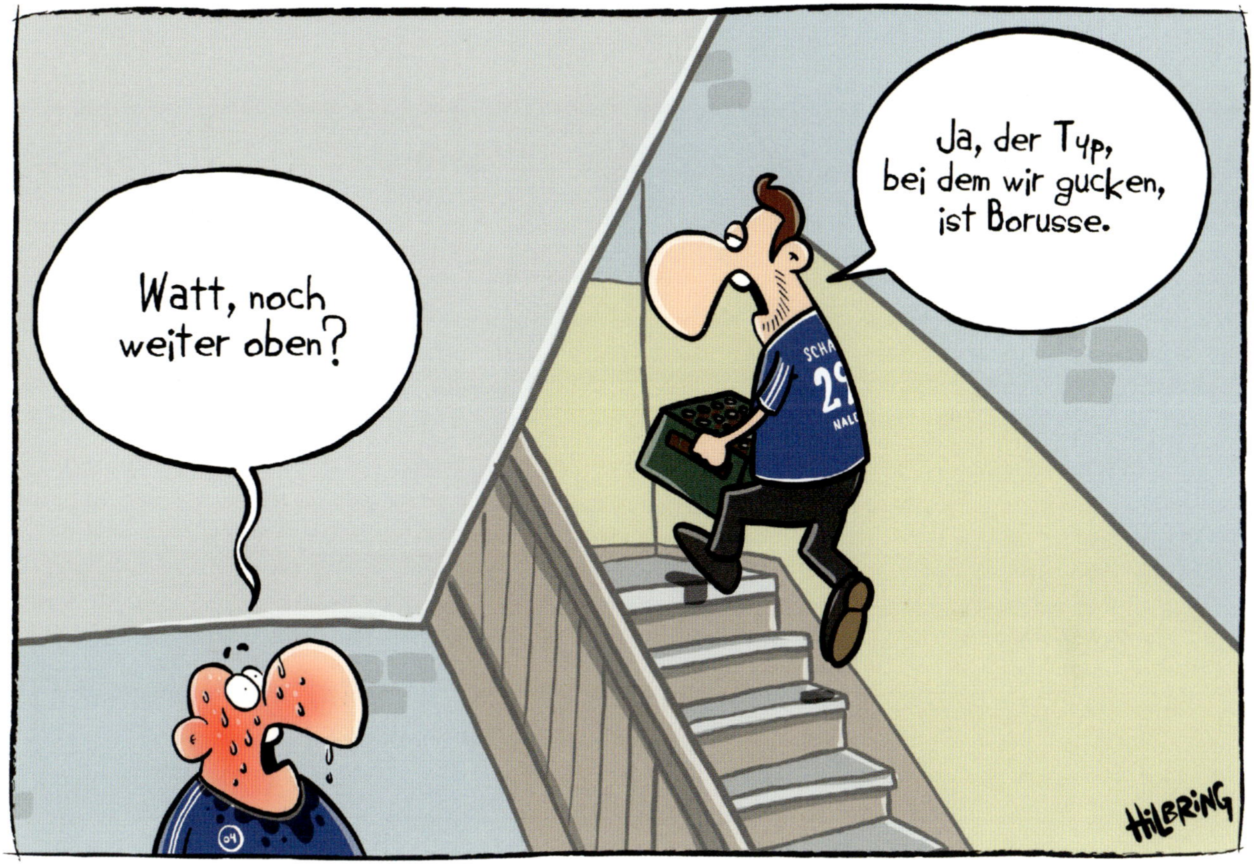
Watt, noch weiter oben?
Ja, der Typ, bei dem wir gucken, ist Borusse.
HILBRING

Immer diese Wohnungen in der sechsten Etage (2019/20)

Die Mutter aller Derbys war traurig ...

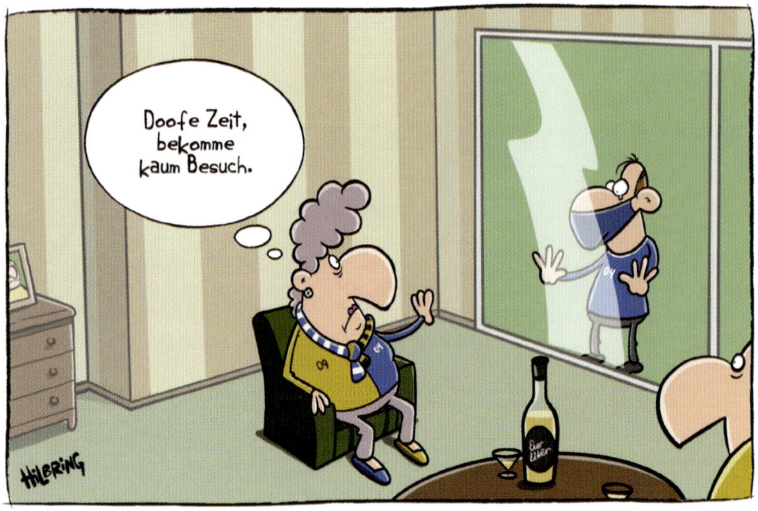
Doofe Zeit, bekomme kaum Besuch.
HILBRING

Derby im Lockdown (2020/21)

So lief das Derby ...

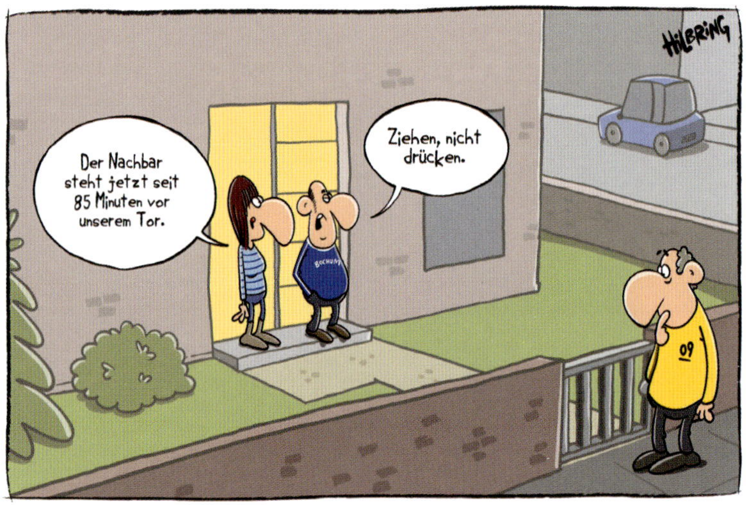
HILBRING
Der Nachbar steht jetzt seit 85 Minuten vor unserem Tor.
Ziehen, nicht drücken.

Zur Abwechslung ärgert mal der kleine Nachbar aus Bochum. (2021/22)

Der BVB hatte das Steuer doch in der Hand ...

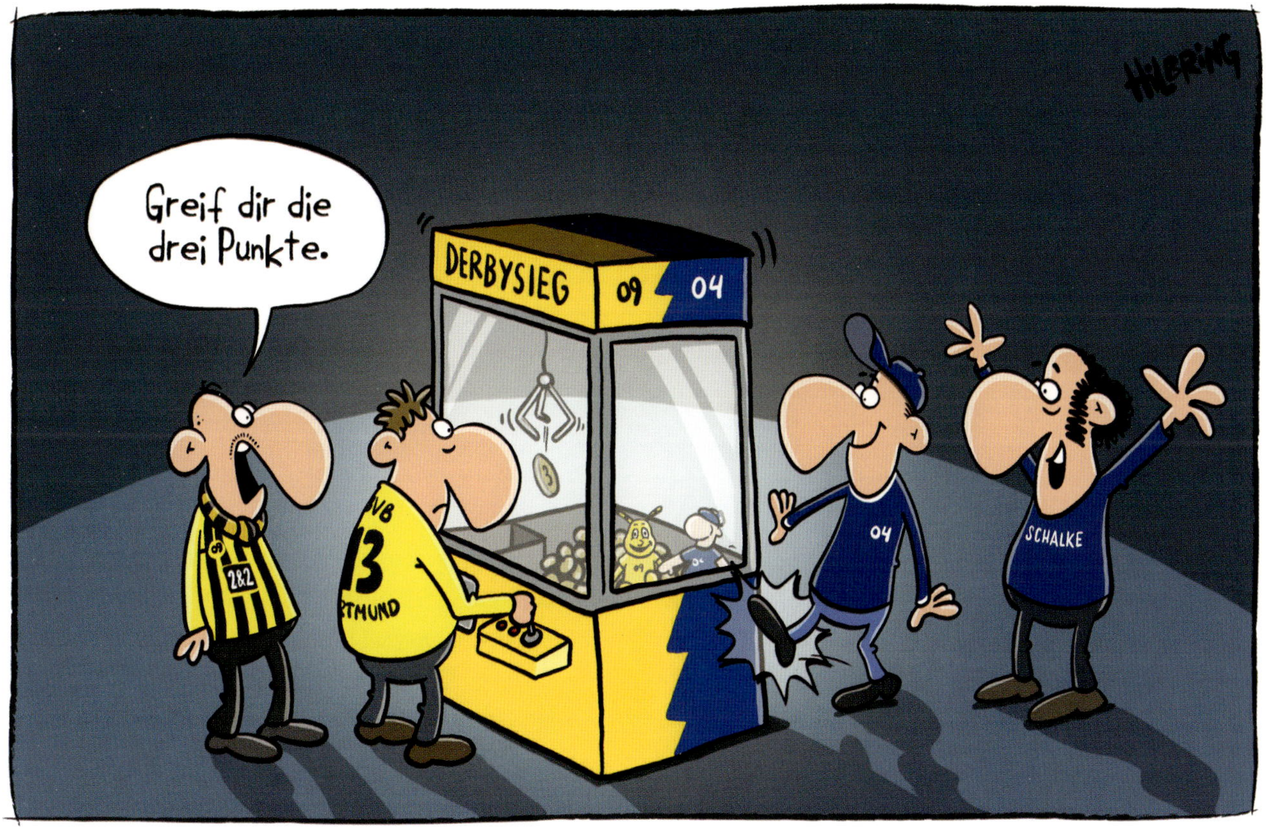
Greif dir die drei Punkte.
DERBYSIEG
09
04
HILBRING
SCHALKE

Ach, wie gemein (2022/23)

GRÜSSE AUS DER LEDERHOSE

Preußen und Bayern mögen sich nicht wirklich, das hat historische Gründe. Der Konflikt mag heute nur noch folkloristisch und mit Augenzwinkern auf beiden Seiten ausgetragen werden. Im Fußball ist die Rivalität zwischen Bayern und Borussia bisweilen nicht nur lustig.

Seit geraumer Zeit geht es um nicht weniger als die Vorherrschaft im deutschen Fußball. Die scheint derzeit wie in Stein gemeißelt bei den Bayern zu liegen. Zwei Mal konnten sie eine Revolution der Borussen erfolgreich abwehren. Als Mitte der neunziger Jahre der frisch gebackene Champions-League-Sieger aus Westfalen unter seinem Sonnenkönig Gerd Niebaum zur Attacke auf den Thron blies, endete der Lederball-Aufstand in der Fast-Pleite der Revoluzzer. Und der Double-Gewinn des BVB unter Jürgen Klopp 2012 war für die kurzzeitig konsternierten Bayern die Initialzündung für ein sportlich und wirtschaftliches Konzept, das die Alleinherrschaft „for ever“ zum Ziel hatte. Seither heißt der Deutsche Meister Jahr für Jahr Bayern München. Dessen einziger Verfolger und ewiger Vize, Borussia Dortmund, geht immer mal wieder mit dem Ziel ins Rennen, diese Vorherrschaft zu durchbrechen. Doch in diesem Fußball-Krieg haben die Bayern gegenüber den Preußen wohl noch auf Jahre die Nase vorn.

Die Bayern unterwegs zum Tabellenführer ...

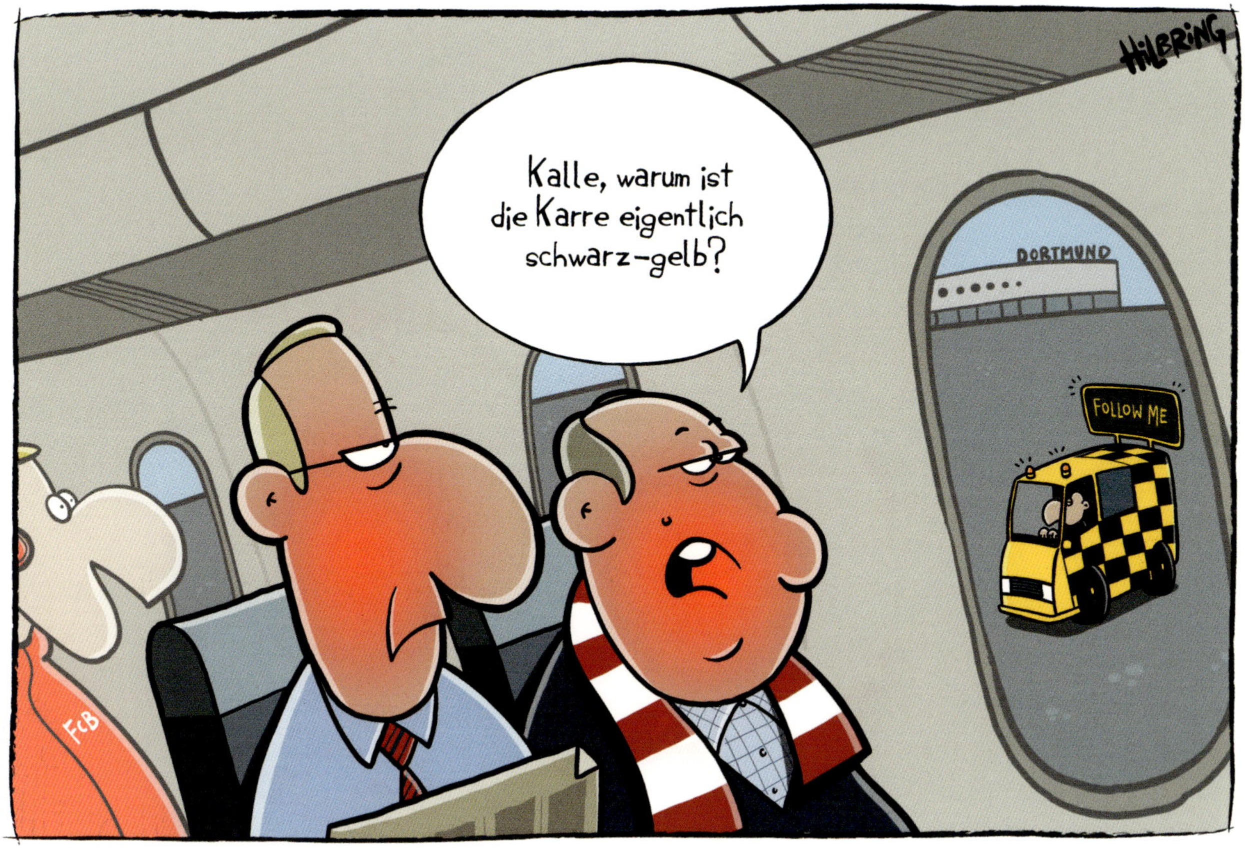
HILBRING
Kalle, warum ist die Karre eigentlich schwarz-gelb?
DORTMUND
FOLLOW ME
FCB

Die Konkurrenz geht weit über das Sportliche hinaus. (2018/19)

Gipfeltreffen am Würstchenstand!

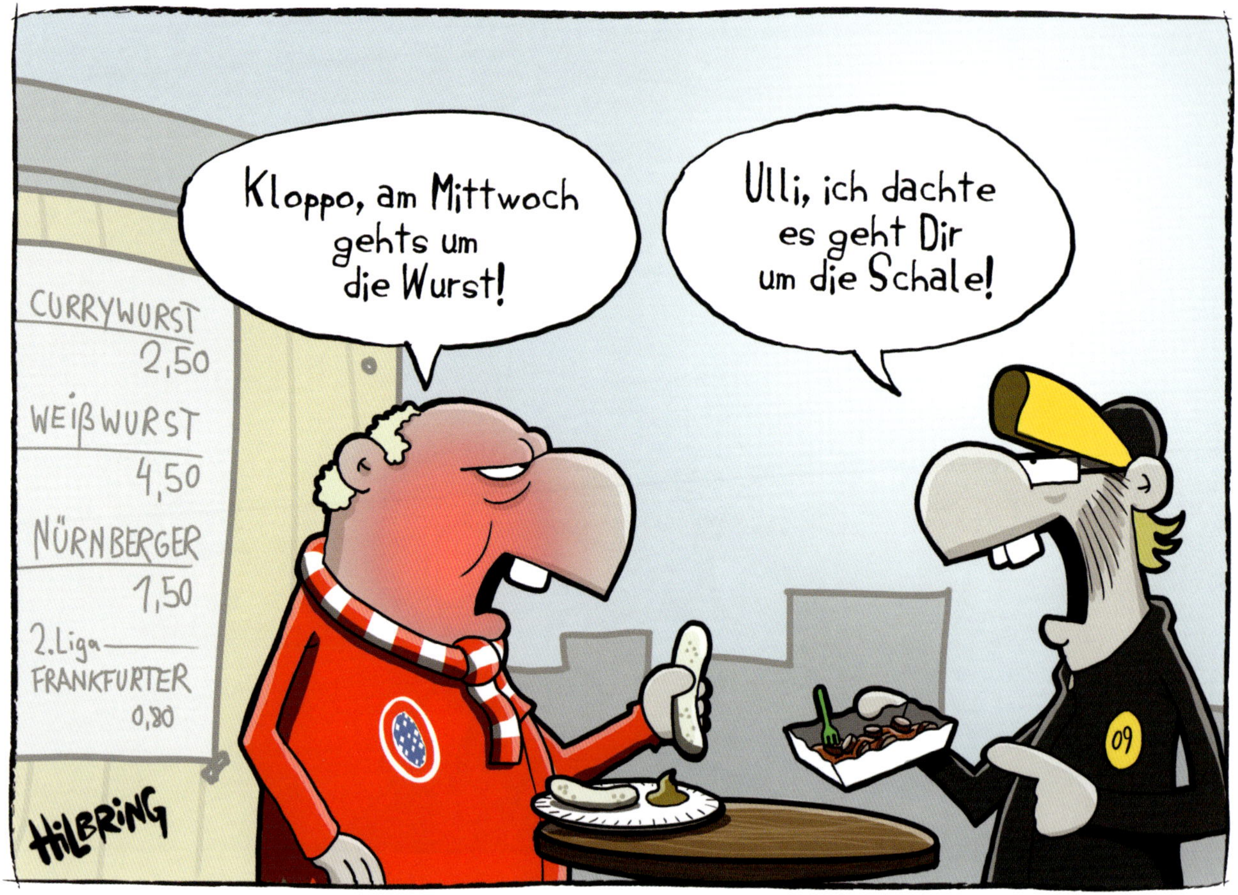
Kloppo, am Mittwoch gehts um die Wurst!
Ulli, ich dachte es geht Dir um die Schale!
CURRYWURST 2,50
WEIßWURST 4,50
NÜRNBERGER 1,50
2. Liga FRANKFURTER 0,80
09
HILBRING

Bei Uli Hoeneß geht es immer um die Wurst. (2018/19)

Beim Sonntagsausflug war Alex noch leicht verbittert …

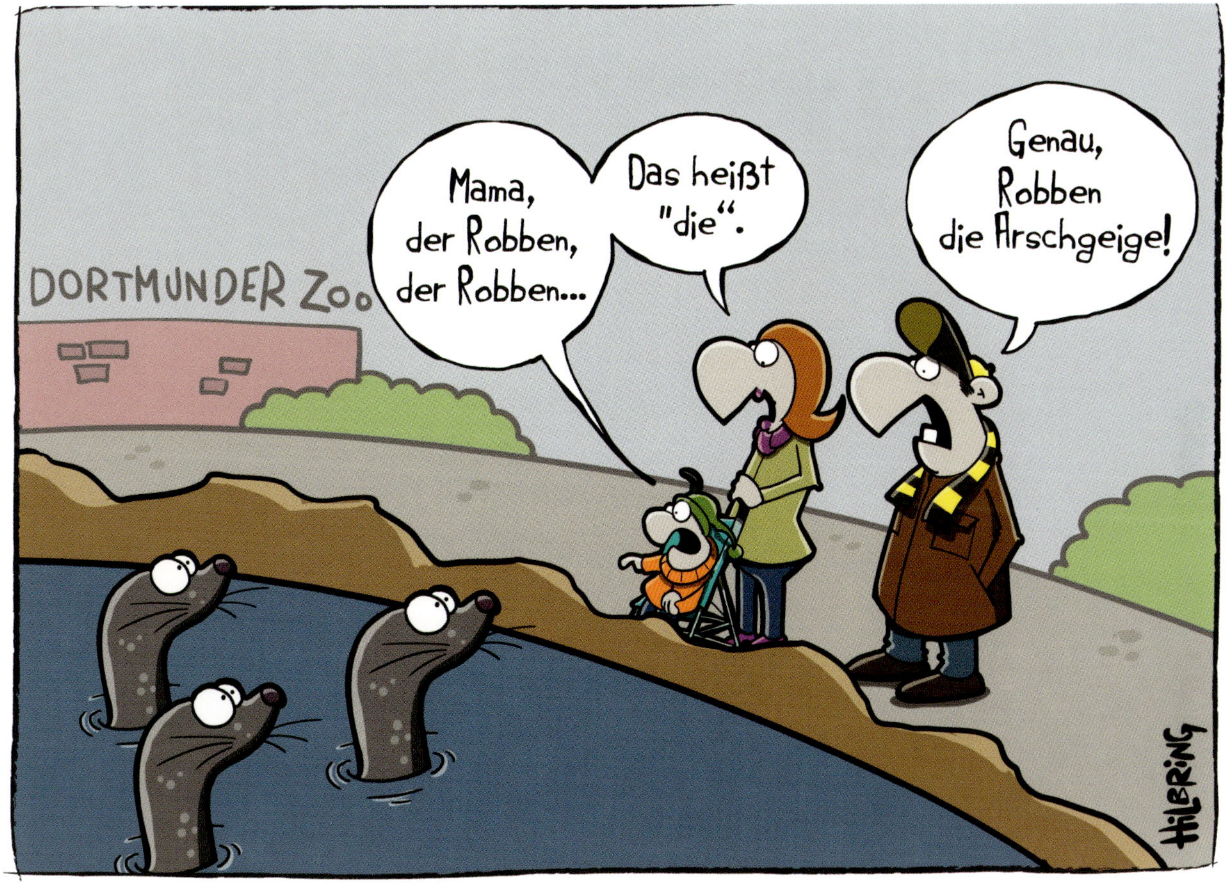
DORTMUNDER ZOO
Mama, der Robben, der Robben...
Das heißt "die".
Genau, Robben die Arschgeige!
HILBRING

Praktizierte Tierliebe kann sehr schwer sein. (2012/13)

Ein Duell auf Augenhöhe ...

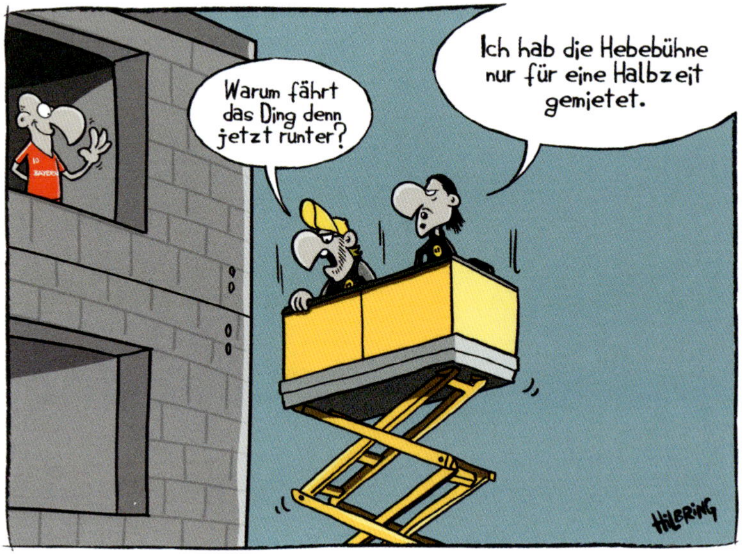
Warum fährt das Ding denn jetzt runter?
Ich hab die Hebebühne nur für eine Halbzeit gemietet.
HILBRING

Halbe Höhe ist gegen die Bayern zu wenig. (2014/15)

Marco Reus bleibt doch beim BVB ...

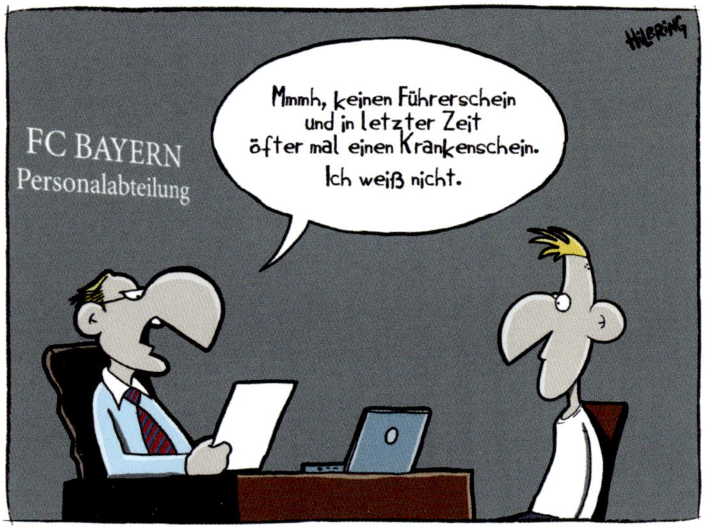
HILBRING
FC BAYERN
Personalabteilung
Mmmh, keinen Führerschein und in letzter Zeit öfter mal einen Krankenschein. Ich weiß nicht.

Die Bewerbung von Marco Reus konnte nicht berücksichtigt werden. (2014/15)

Eine Weihnachtsgeschichte ...

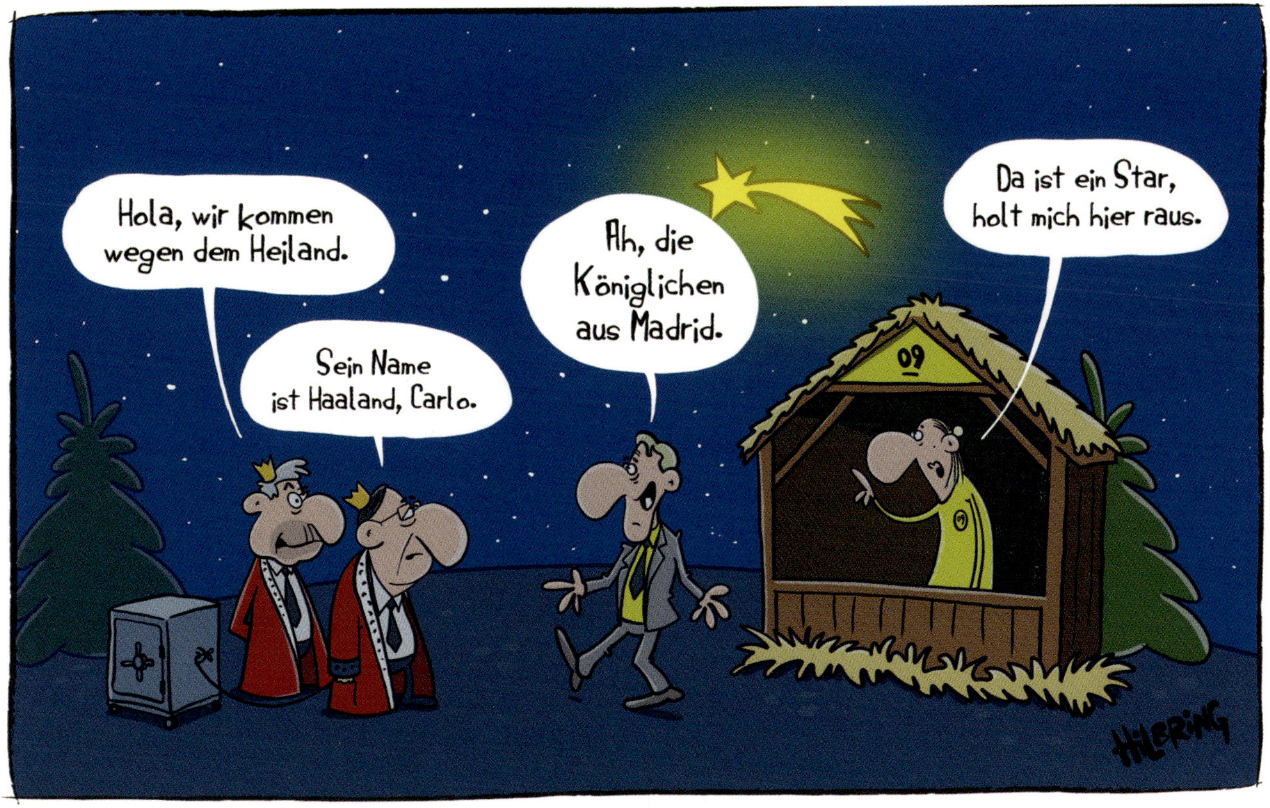
Hola, wir kommen wegen dem Heiland.
Sein Name ist Haaland, Carlo.
Ah, die Königlichen aus Madrid.
Da ist ein Star, holt mich hier raus.
09
HILBRING

Die Weihnachtsgeschichte in einer ganz modernen Fassung (2021/22)

Auswärtsspiel in Hamburg ...

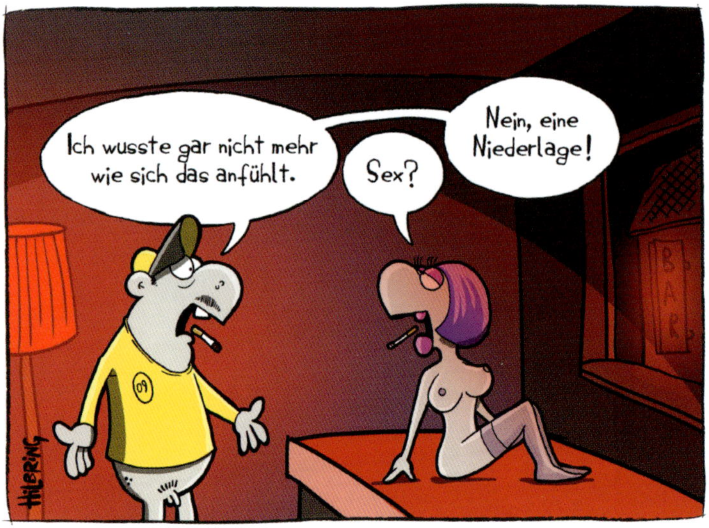
Ich wusste gar nicht mehr wie sich das anfühlt.
Sex?
Nein, eine Niederlage!
BAR
HILBRING

Gewiss haben auch die Fans, außerhalb der Spiele, immer wieder was erlebt. Besonders, wenn es nach Hamburg geht. (2012/13)

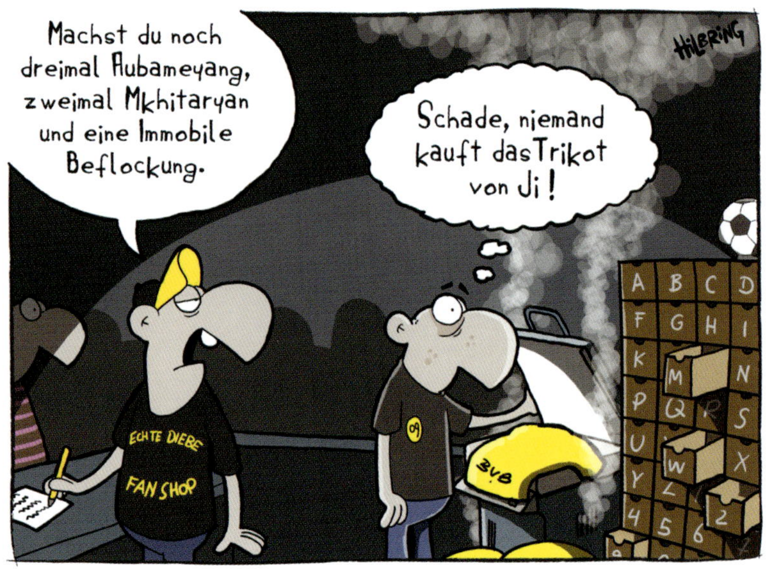
Machst du noch dreimal Aubameyang, zweimal Mkhitaryan und eine Immobile Beflockung.
Schade, niemand kauft das Trikot von Ji!
HILBRING
ECHTE DIEBE
FAN SHOP
BVB

Unterhalb des freundlichen Fanshops ist auch nicht alles Gold, was glänzt. (2013/14)

Neulich in Dortmund, vor dem Spiel ... ... und danach

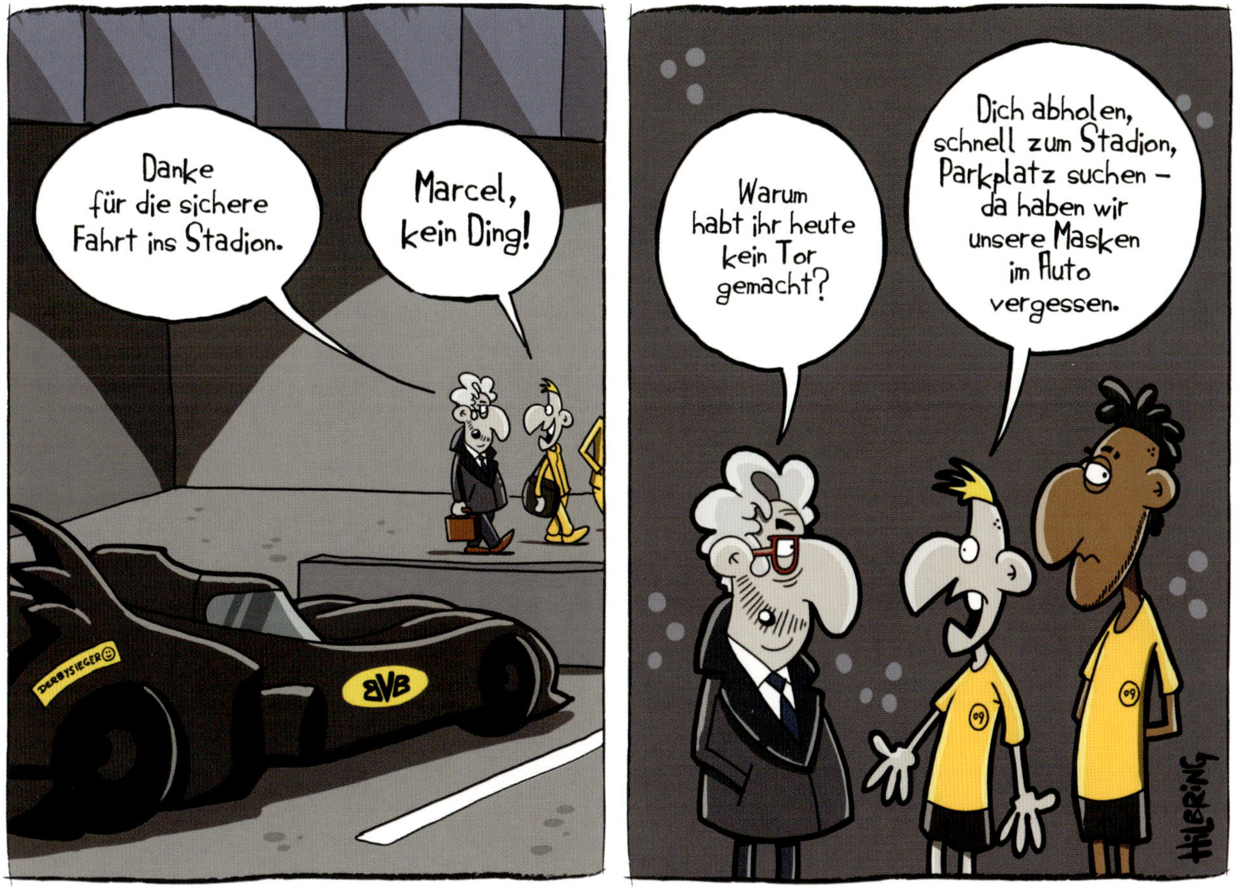

Danke für die sichere Fahrt ins Stadion.
Marcel, kein Ding!
DERBYSIEGER
BVB
Warum habt ihr heute kein Tor gemacht?
Dich abholen, schnell zum Stadion, Parkplatz suchen – da haben wir unsere Masken im Auto vergessen.
09
09
HILBRING

Die Medien sind immer mittendrin statt nur dabei. (2014/15)

Neulich in Dortmund ...

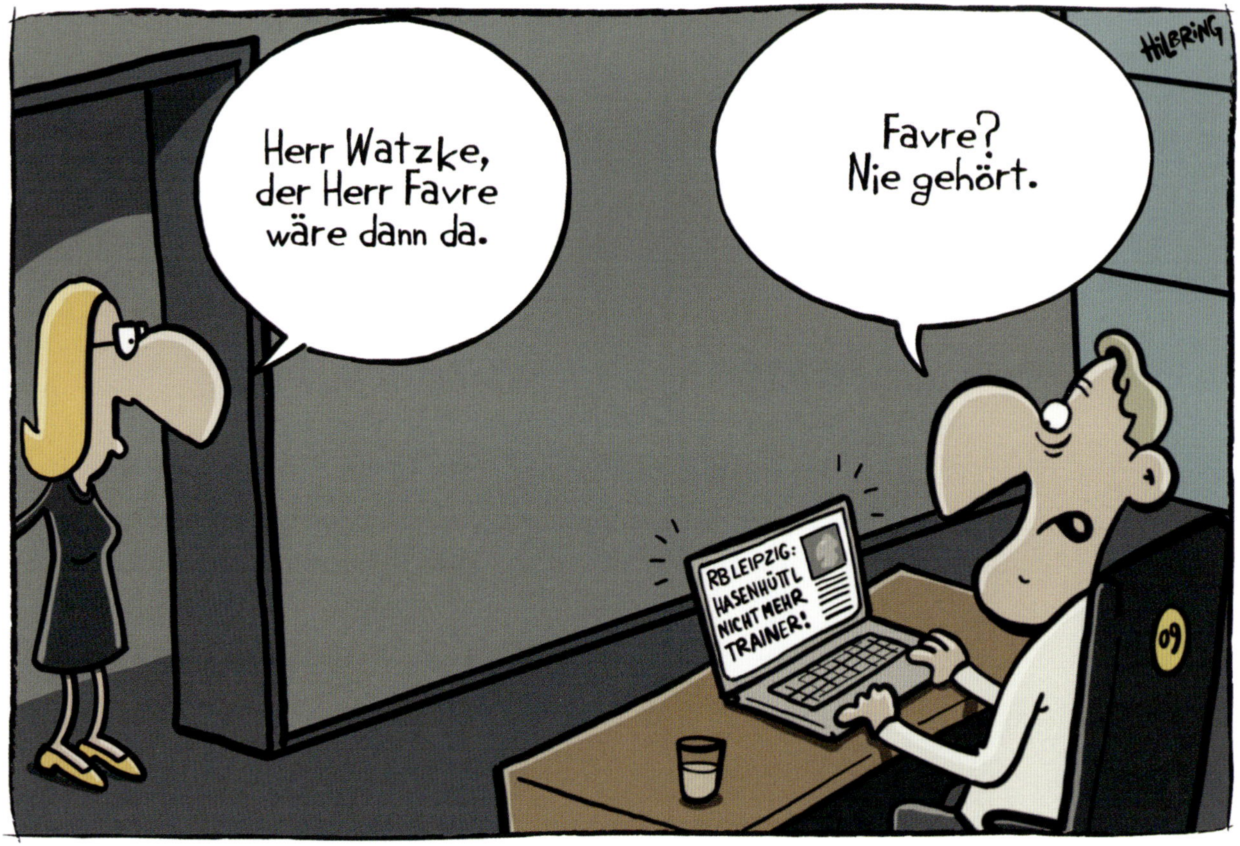
HILBRING
Herr Watzke, der Herr Favre wäre dann da.
Favre? Nie gehört.
RB LEIPZIG: HASENHÜTTL NICHT MEHR TRAINER!
09

„Boss“ Watzke muss stets flexibel bleiben. (2015/16)

Gesehen in Dortmund: Stuttgarter Maultaschen

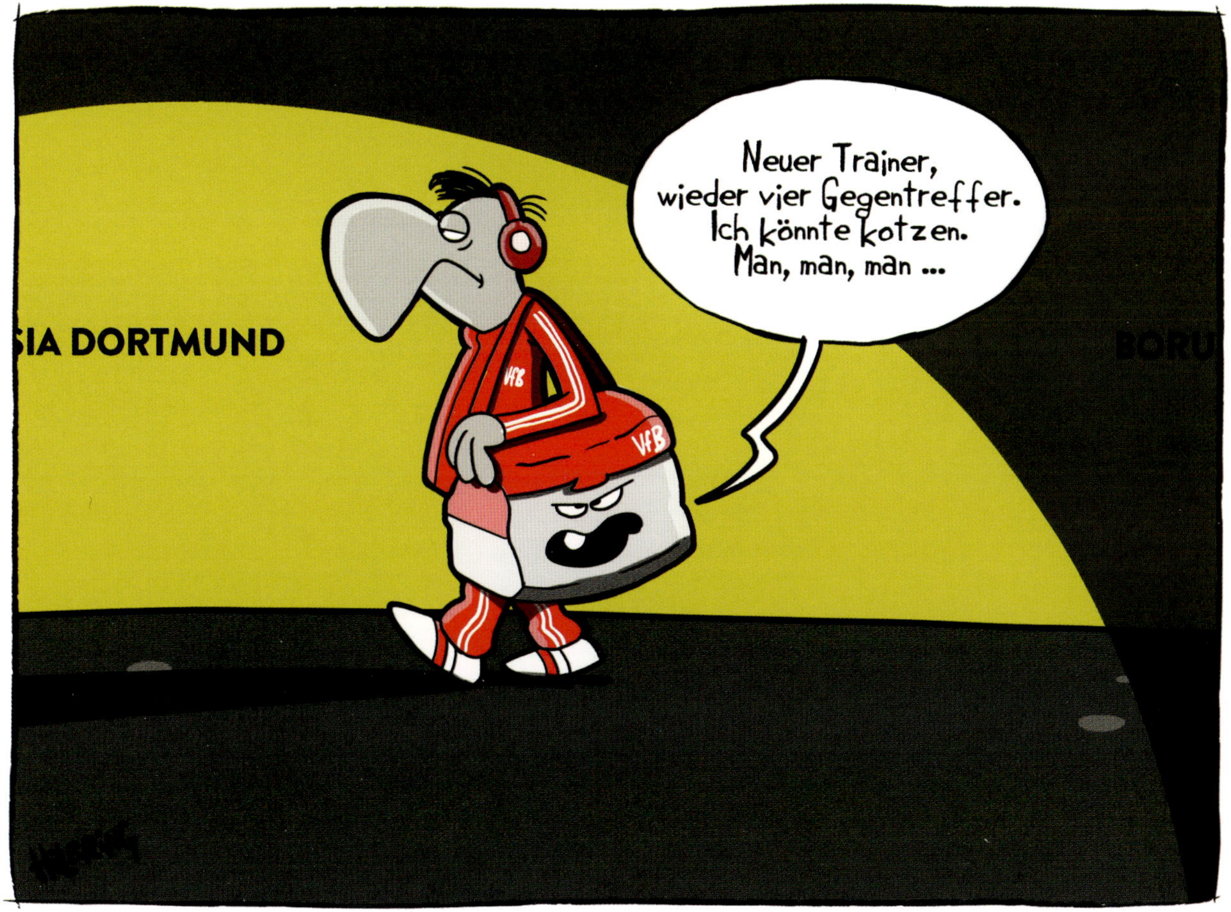
Neuer Trainer,
wieder vier Gegentreffer.
Ich könnte kotzen.
Man, man, man ...

Immer wieder gerne: Blicke in die Katakomben nach den Spielen (2015/16)

Die Messe für Fußballprofis hat begonnen ...

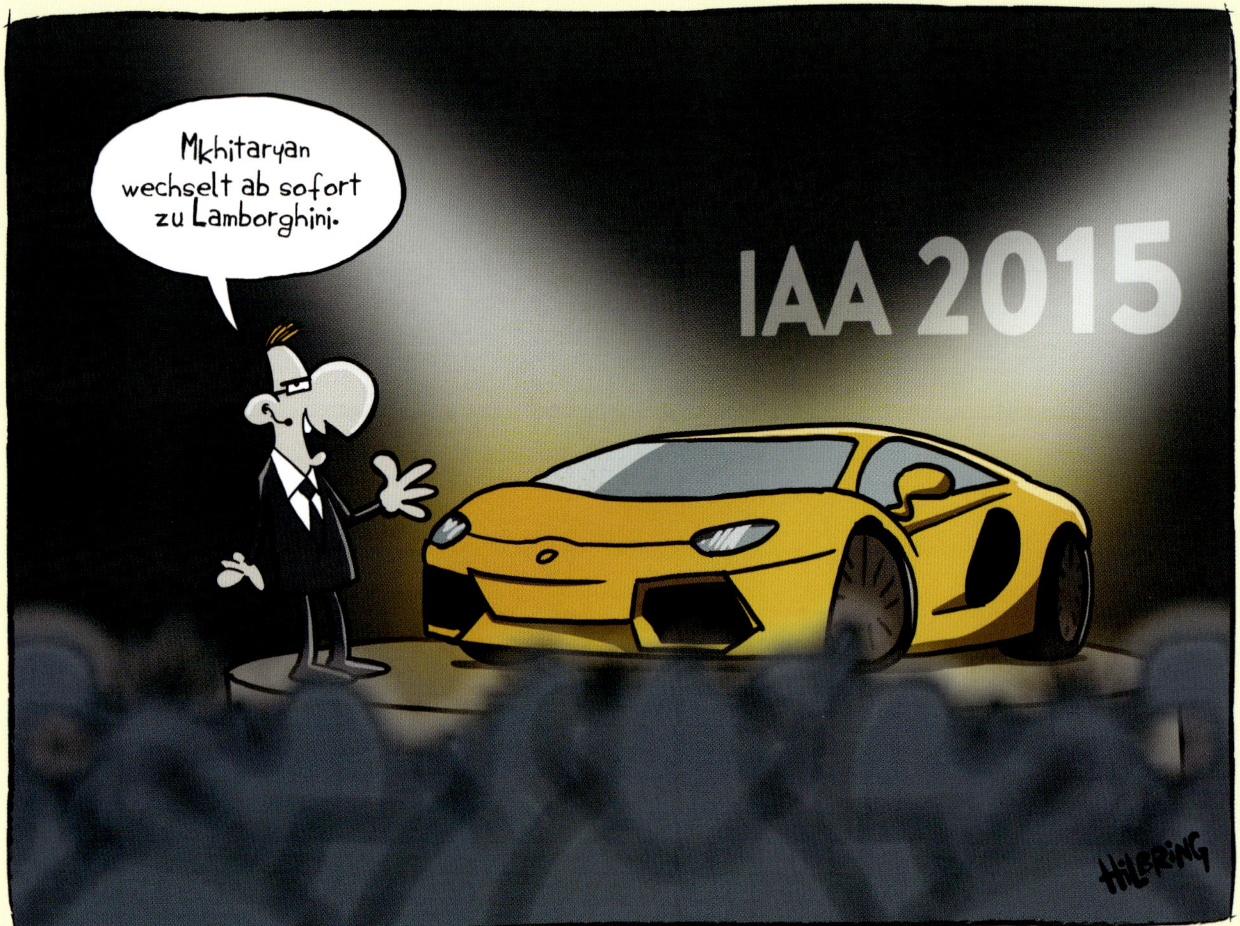
Mkhitaryan wechselt ab sofort zu Lamborghini.
IAA 2015
HILBRING

Kicker und Autos: Daraus kann man gut eine Messe machen. (2015/16)

Der BVB versucht alles, um Gündogan zu halten ...

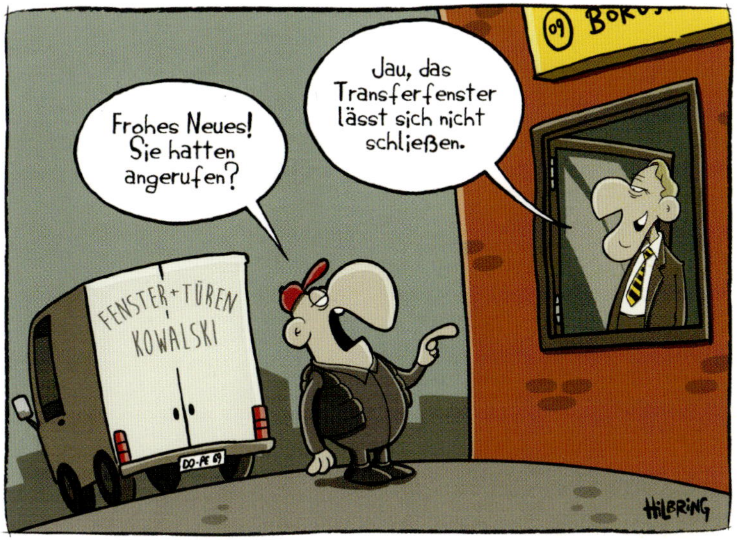
Frohes Neues! Sie hatten angerufen?
Jau, das Transferfenster lässt sich nicht schließen.
FENSTER + TÜREN KOWALSKI
HILBRING

Handwerker sind auch
beim BVB heiß begehrt ...

Der BVB versucht alles, um Gündogan zu halten ...

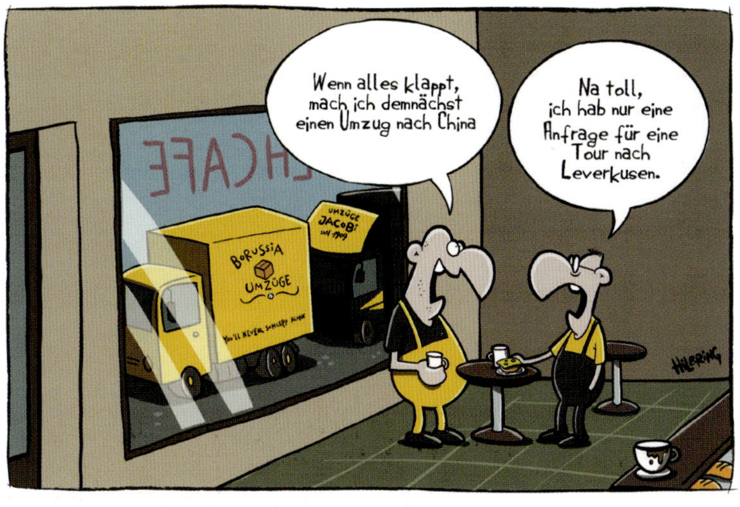
Wenn alles klappt, mach ich demnächst einen Umzug nach China
Na toll, ich hab nur eine Anfrage für eine Tour nach Leverkusen.
BORUSSIA UMZÜGE
HILBRING

... vor allem Umzugsunternehmen stehen hoch im Kurs. (2016/17)

Wenn Aubameyang Masken fürs Derby kauft …

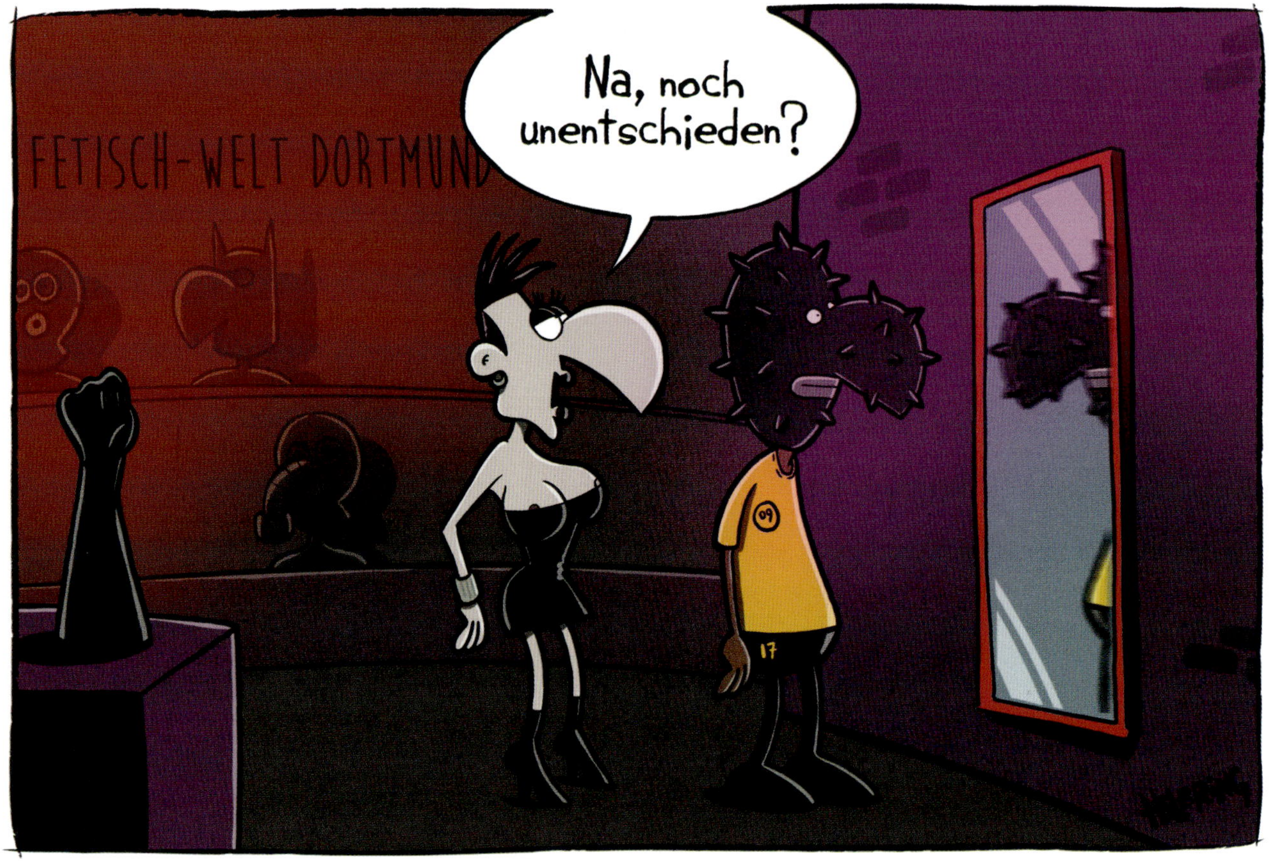
Na, noch unentschieden?
FETISCH-WELT DORTMUND
09
17

Auba achtete ja sehr auf sein Outfit. (2016/17)

Neulich bei der Aufnahmeprüfung ...

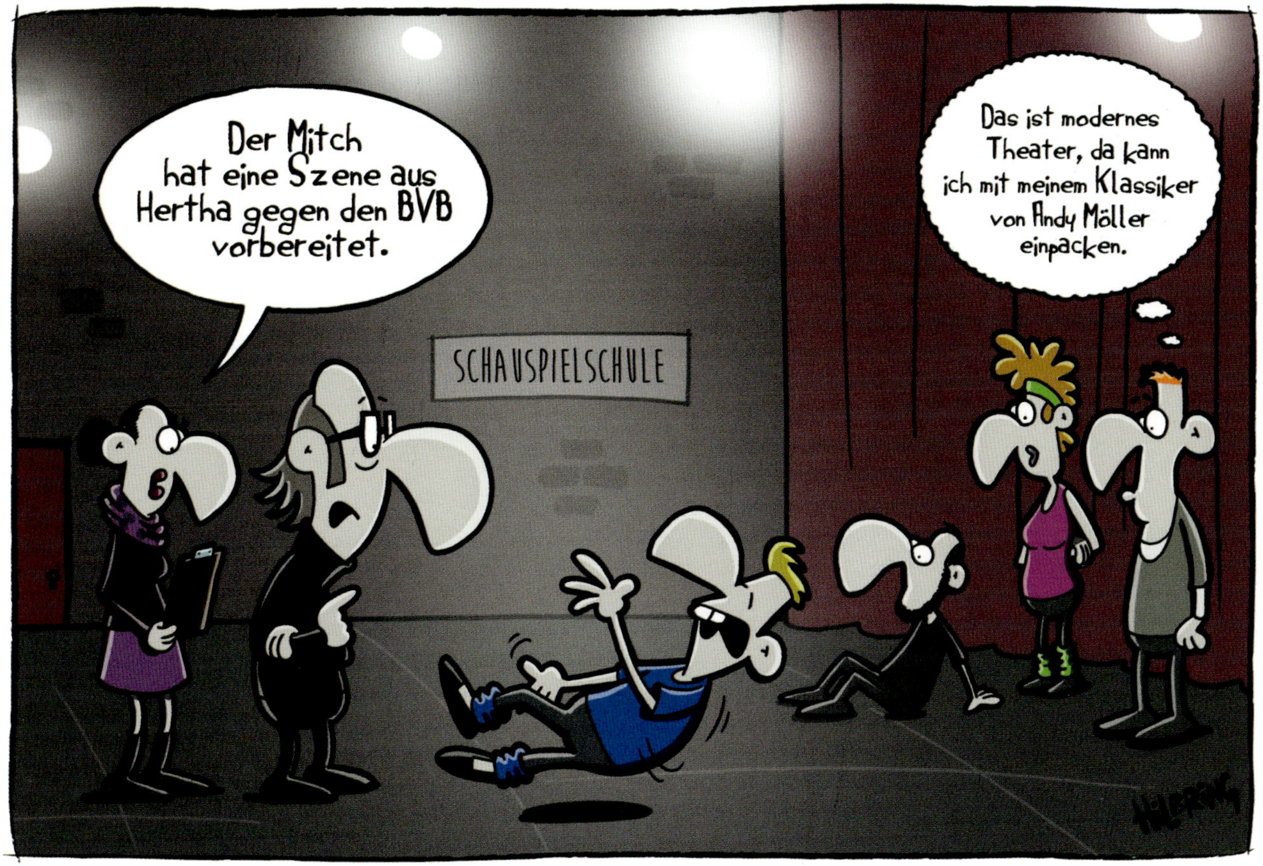
Der Mitch hat eine Szene aus Hertha gegen den BVB vorbereitet.
SCHAUSPIELSCHULE
Das ist modernes Theater, da kann ich mit meinem Klassiker von Andy Möller einpacken.

Mal so richtig Theater machen. Wer kann, der kann. (2016/17)

BVB-Trainingslager: Watzke, Stöger und Aubameyang inspizieren das Teamhotel …

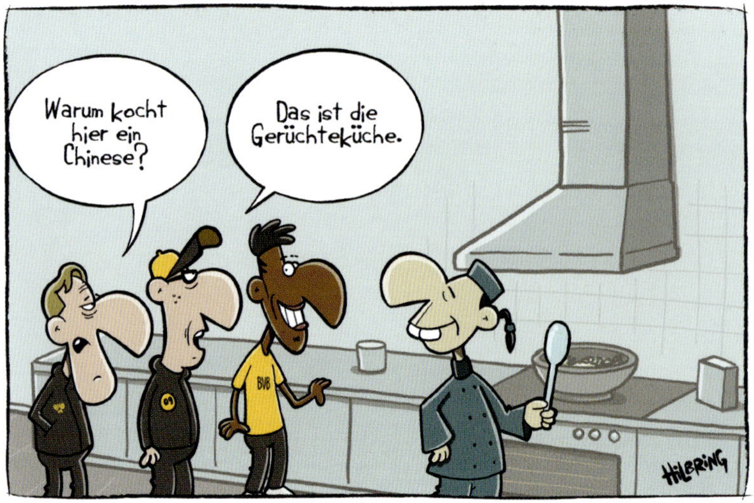
Warum kocht hier ein Chinese?
Das ist die Gerüchteküche.
BVB
HILBRING

Hier wird nicht nur gekocht. (2017/18)

Immer mehr Schweizer zum BVB?

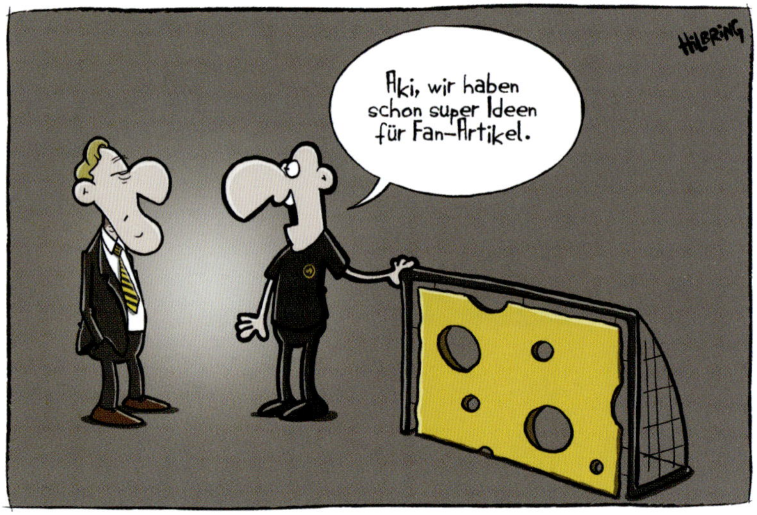
HILBRING
Aki, wir haben schon super Ideen für Fan-Artikel.

Immer auf neuestem Stand: die Merchandising-Abteilung (2017/18)

Watzke sucht die Wunderpille ...

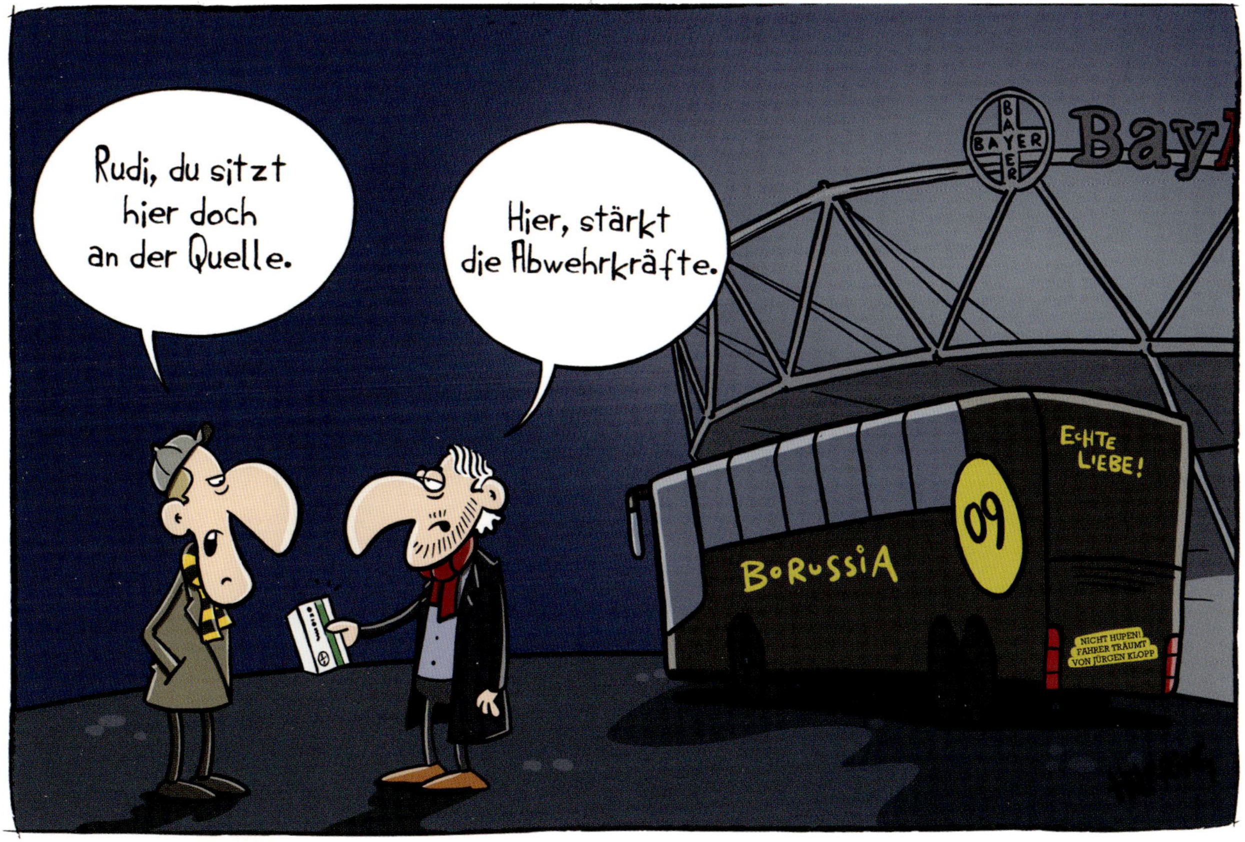
Rudi, du sitzt hier doch an der Quelle.
Hier, stärkt die Abwehrkräfte.
BAYER
BORUSSIA
09
ECHTE LIEBE!
NICHT HUPEN! FAHRER TRÄUMT VON JÜRGEN KLOPP

Ja, die hätte man gut gebrauchen können. (2019/20)

Auch prominente Fans hatten im BVB-Online-Shop kein Glück ...

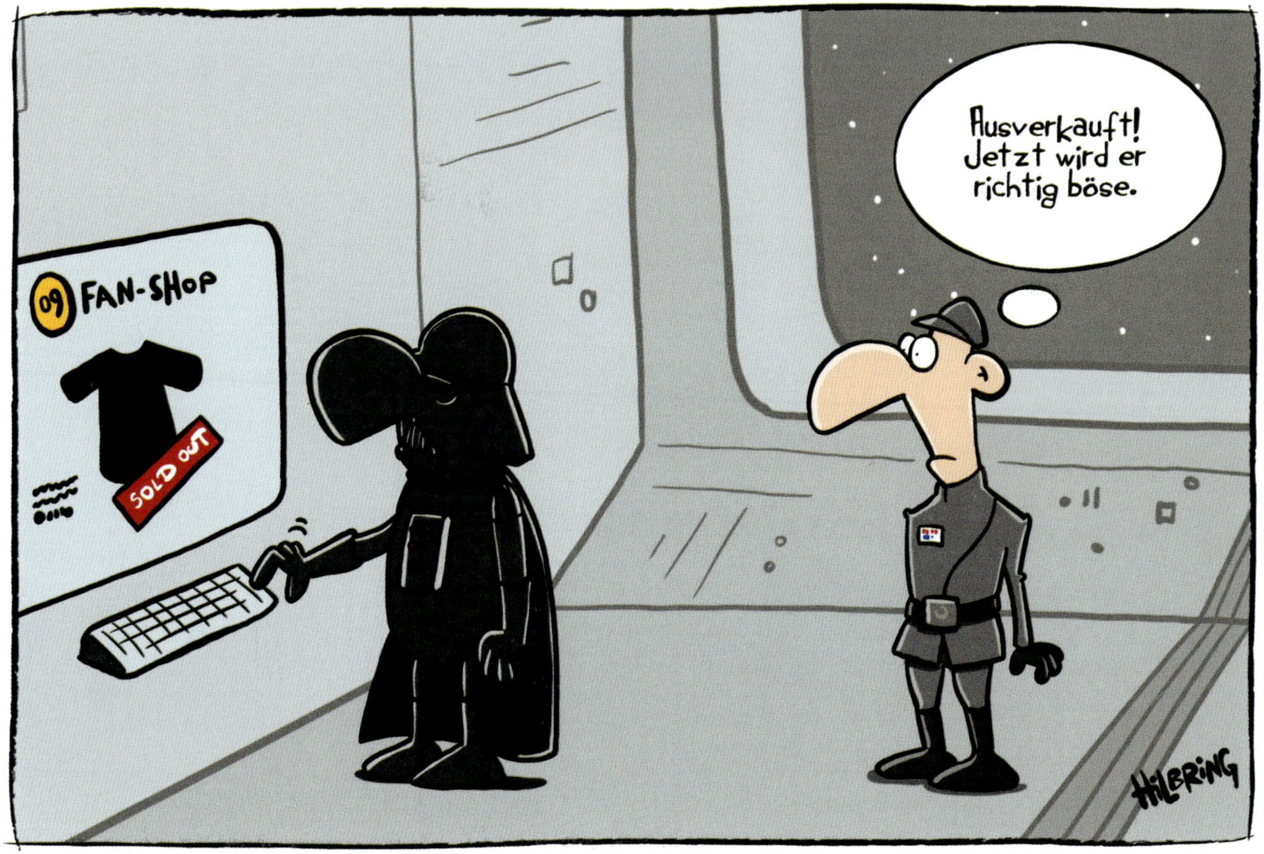
09 FAN-SHOP
SOLD OUT
Ausverkauft! Jetzt wird er richtig böse.
HILBRING

Manchmal sorgt sich auch der Sicherheitsdienst um seine Sicherheit. (2019/20)

Die neue Staffel um echte Liebe und neue Trainer hat begonnen ...

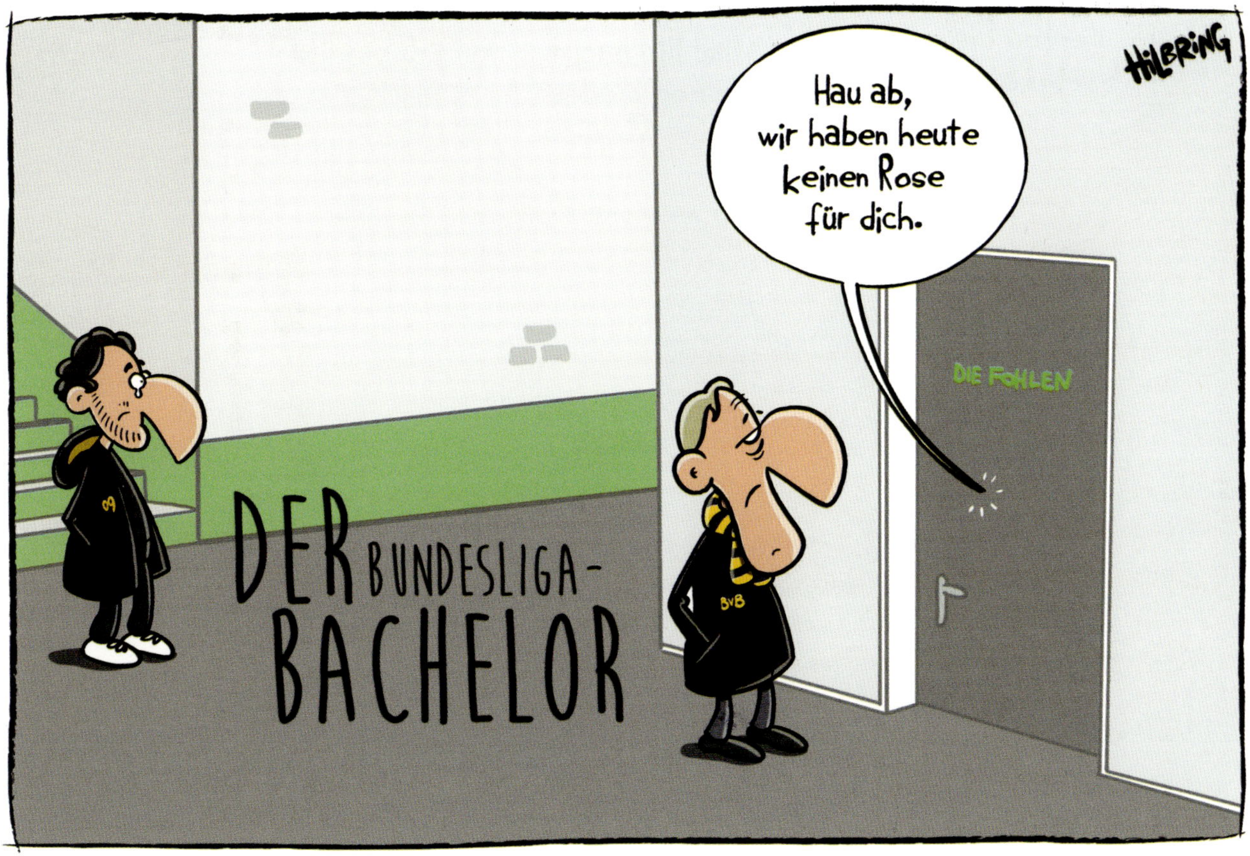
HILBRING
Hau ab, wir haben heute keinen Rose für dich.
DIE FOHLEN
09
BVB
DER BUNDESLIGA-BACHELOR

So buhlt Watzke um seinen neuen Coach ... (2020/21)

In der Weihnachtsbäckerei ...

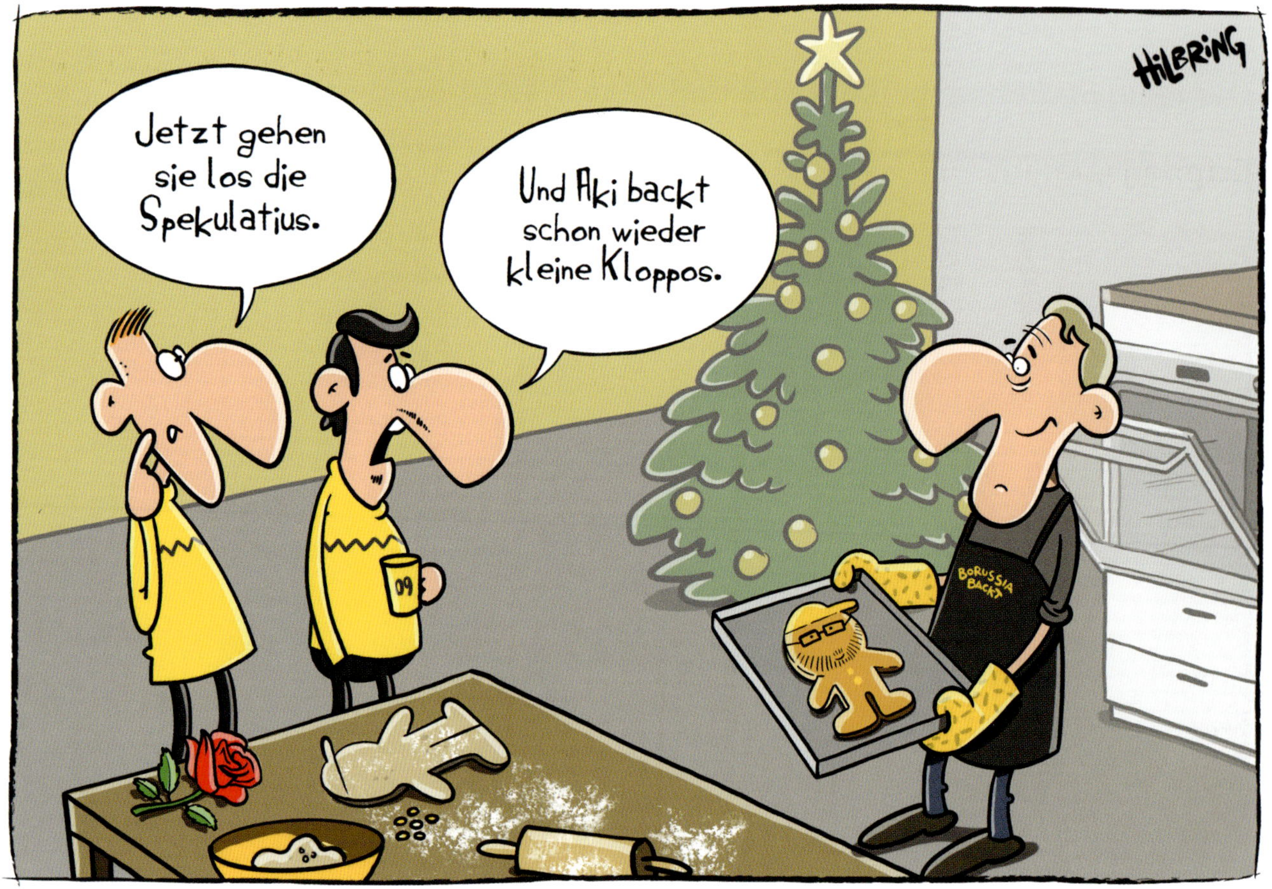
HILBRING
Jetzt gehen sie los die Spekulatius.
Und Aki backt schon wieder kleine Kloppos.
09
BORUSSIA BACKT

... aber am liebsten hätte er doch nur einen Einzigen. (2020/21)

Krippenspiel in Dortmund …

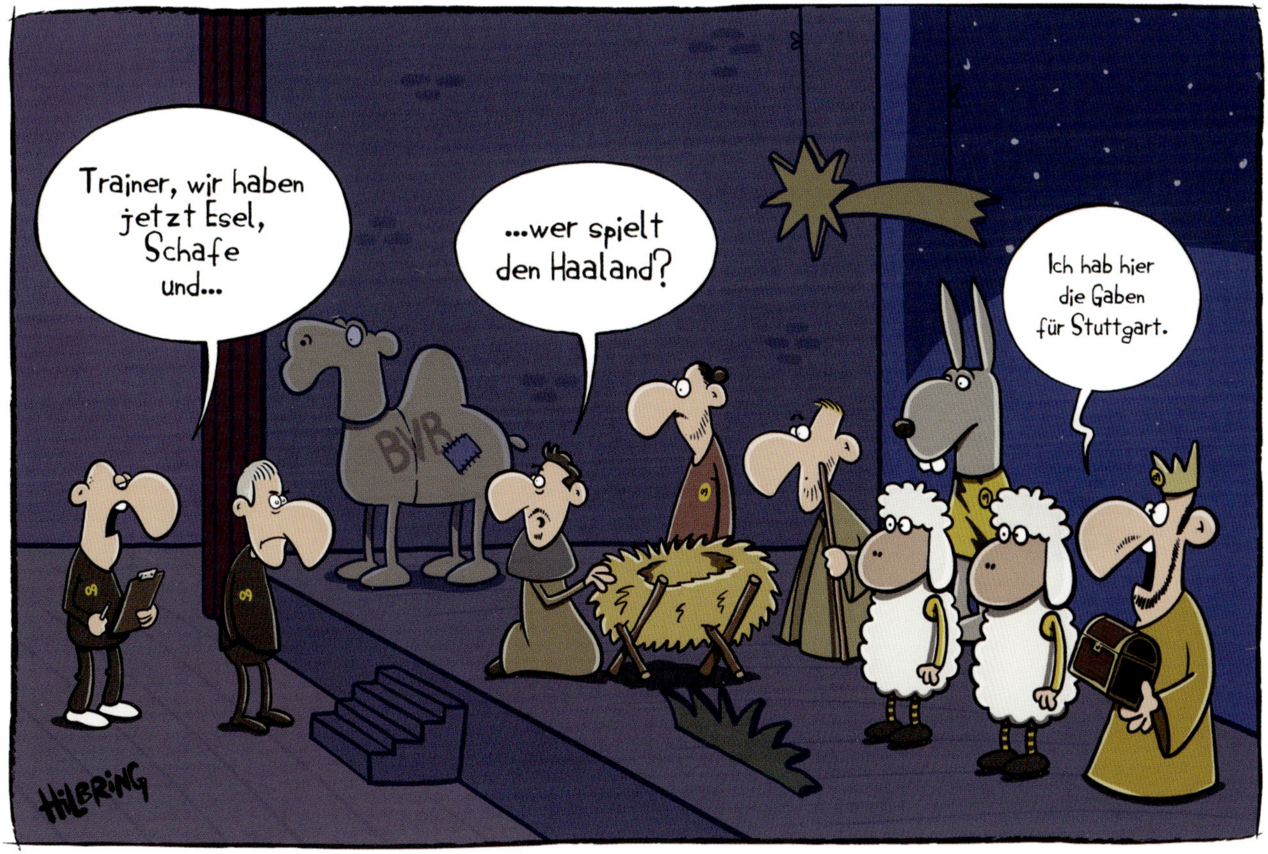
Trainer, wir haben jetzt Esel, Schafe und...
...wer spielt den Haaland?
Ich hab hier die Gaben für Stuttgart.
BVB
HILBRING

Wenn das Jahr zu Ende geht, wird es beim BVB rührselig. (2020/21)

OLI HILBRING

Oli Hilbring kommt zufällig in Ludwigshafen zur Welt, flüchtet aber mit der ersten Mitfahrgelegenheit sofort zurück ins Ruhrgebiet, wo seine Familie wechkommt. Nach einer überfüllten Kindheit wird Oli erst Dekorateur, dann Grafiker und später auch noch Cartoonist. Ein Schwerpunkt dabei: Fußball. Seine Fußball-Cartoons erscheinen in der Sportzeitung RevierSport, beim Fußballsender Sky und sind auch schon mal bei Arnd Zeiglers wunderbaren Welt des Fußballs zu Gast.

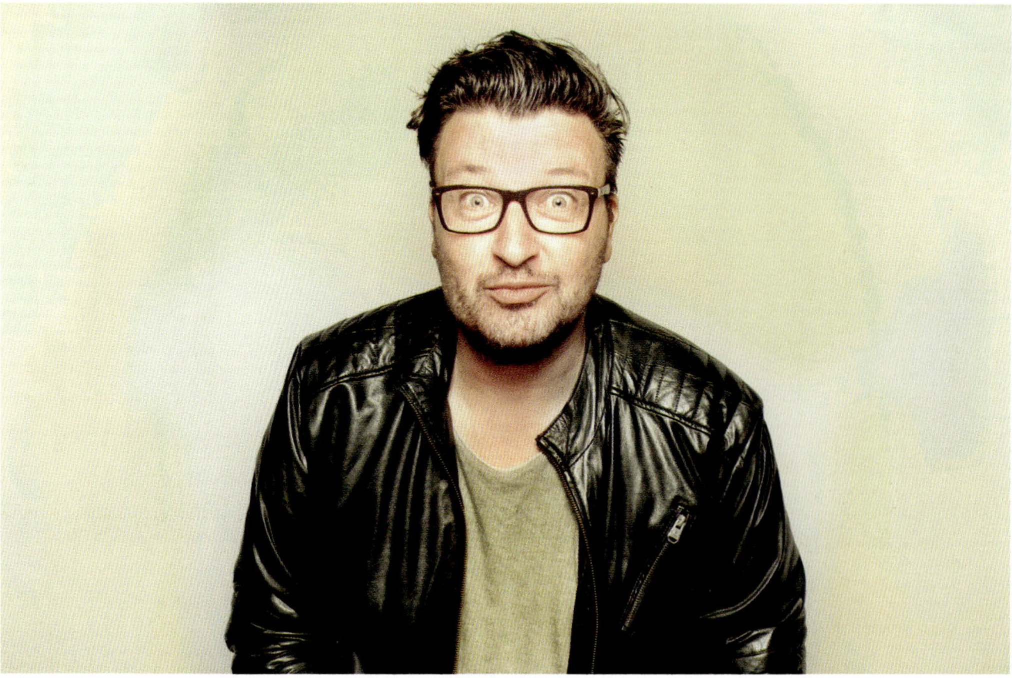